AI와 음악의 변화

인공지능총서

인공지능 시대입니다. 기계가 인간의 인지를 대신하고, 사물이 인간을 통하지 않고 다른 사물과 직접 커뮤니케이션합니다. 이에 따른 인간 삶과 문명 변화를 정확히 이해·예측·대응하는 것은 이 시대 우리 모두의 과제입니다. 인공지능총서는 인공지능 기술과 환경의 여러 주제를 10가지 키워드로 정리합니다. 관련 개념과 이론, 학계와 산업계의 쟁점, 우리 일상의 변화를 다룹니다. 인간과 기술의 현재, 미래를 세심히 분석합니다.

일러두기

- 인명, 작품명, 저서명, 개념어 등은 한글과 함께 괄호 안에 해당 국가의 원어를 병기했습니다.
- 외래어 표기는 현행 어문규정의 외래어표기법을 따랐습니다. 다만 '딥러닝', '딥마인드', '딥페이크' 등은 관행을 따랐습니다.

처음이세요?

전문가세요?

AI와 음악의 변화

심인섭

대한민국, 서울, 커뮤니케이션북스, 2025

AI와 음악의 변화

지은이 심인섭
펴낸이 박영률

초판 1쇄 펴낸날 2025년 1월 24일

커뮤니케이션북스(주)
출판 등록 2007년 8월 17일 제313-2007-000166호
02880 서울시 성북구 성북로 5-11
전화(02) 7474 001, 팩스(02) 736 5047
commbooks@commbooks.com
www.commbooks.com

ISBN 979-11-7307-356-4 03500

책값은 뒤표지에 표시되어 있습니다.

차례

음악 AI, 음악가의 경쟁자 혹은 조력자

인공지능(AI)은 현대 사회에 깊숙이 자리 잡으며 다양한 분야에 걸쳐 혁신적인 변화를 일으키고 있다. 이러한 발전은 컴퓨터 하드웨어의 발전, 특히 그래픽처리장치(GPU)와 같은 병렬 처리 장치의 성능 향상 덕분에 가속화되었다. 또한 딥러닝 알고리즘의 발전과 빅데이터 처리 능력의 향상으로 AI는 단순한 데이터 처리에서 벗어나 창의적인 영역에 진입할 수 있게 되었다. 우리는 AI가 반복적이고 단순한 작업을 자동화하는 도구에서 출발하여 이제는 창의적 결정과 예술적 활동에 참여하는 단계에 도달하는 과정을 목격하고 있다. 이는 인간의 창의성에 도전하고, 예술의 본질을 다시 한번 고민하게 만드는 중요한 전환점이기도 하다. AI는 음악, 미술, 문학 등 문화 예술의 각 분야에서 새롭고 창의적인 결과물을 만들어 내며, 인간 창작자와 협업하는 새로운 가능성을 열고 있다. 이러한 기술적 진보는 창작자들에게 전례 없는 도구를 제공함으로써 창의적인 프로세스의 일부를 자동화하고, 새로운 영감을 제공하는 동시에 더 많은 사람에게 창작의 문을 열어 준다. 이제 AI는 누구나 음악을 만들고, 그림을 그리고, 시를 쓰는 것을 가능하게 만들며, 창작의 진입 장벽을 크게 낮추고 있다.

이에 따라 AI와 음악 산업의 관계 또한 빠르게 변화하고 있다. 이제 AI는 단순한 기술적 도구를 넘어 음악 창작에서 중요한 파트너로 자리 잡고 있다. 이는 음악가에게도 새로운 창작 기회를 제공하는 동시에 AI가 인간의 창의성을 대체할 수 있을지도 함께 논의되고 있다(Sturm et al., 2019). 그러나 중요한 질문은 AI가 과연 음악가의 생계를 위협할 '경쟁자'인가, 아니면 창작을 도와주는 '조력자'인가 하는 점이다.

AI의 발전은 음악 제작 과정에 큰 변화를 불러왔다. 예전에는 오랜 시간의 훈련과 경험이 필요한 작업이 이제 AI의 도움으로 빠르고 효율적으로 이루어질 수 있다. AI 기반 작곡 도구는 음악가가 복잡한 리듬, 코드, 음향 패턴을 실험하고 창작할 수 있도록 도와준다. 이로써 음악 창작의 진입 장벽이 낮아지고, 더 많은 사람이 창작에 참여할 기회가 생겼다. 특히 AI는 초보 음악가에게는 창작할 기회를 제공하고, 전문가에게는 기술적 제약을 넘어서 창의성을 확장할 수 있는 도구가 된다(Liu, 2023).

하지만 AI의 발전이 항상 긍정적인 것만은 아니다. 일부에서는 AI가 인간의 창의성과 감정적 표현을 대체할 지도 모른다는 우려를 하고 있다. AI는 학습된 데이터를 바탕으로 패턴을 생성하지만, 그 과정에서 감정의 깊이나 개인적 경험을 반영하지 못할 수도 있다. 예술은 인간의 경험과 감정에서 비롯한다는 점에서 AI가 그러한 감정적 요소를 얼마나 잘 표현할지는 여전히 의문이다. AI가 만들어 낸 음악과 그림이 기술적으로 훌륭할 수 있지만, 그것이 인간의 마음을 움직일 수 있는지 그리고 감동을 줄 수 있는지에 대한 질문은 여전히 우리에게 남아 있다. 이러한 이유로 AI는 아직 음악 창작에서 조력자 역할을 해야 한다는 주장이 있다(Novelli & Proksch, 2022).

미래 세대의 AI와 음악

AI는 예술적 창작 외에 상업 음악에서도 큰 역할을 하고 있다. AI는 광고 음악, 비디오 게임 배경음악과 같은 상업적 용도로 신속하게 음악을 제작할 수 있다. 이로써 상업 음악 제작 시간과 비용이 절감되며, 더 다양한 음악적 요구를 충족할 수 있다. 과거에는 음악가들이 많은 시간을 들여야 했던 작업을 AI가 더 효율적으로 진행하기 때문에 상업 음악에서 AI의 역할은 커지고 있다(Bonini & Magaudda, 2024).

AI가 상업 음악에서 성공적으로 활용되고 있지만, 이는 예술적 창작 음악의 본질과는 다른 이야기일 것이다. AI는 데이터를 바탕으로 반복적인 음악을 생성할 수 있지만, 예술성과 독창성 면에서 인간에게만 있는 예술의 가치 해석에는 차이가 존재하기 때문이다. 따라서 AI는 감정적 연결이 중요한 예술 음악보다는 배경음악, 수면 유도 음악, 매장용 음악 등에서 더 큰 효용성을 발휘한다. 이러한 용도로는 감정적 깊이보다는 편안한 분위기를 조성하는 것이 중요하므로 AI 음악의 예술성과 창의성에 대한 한계는 크게 문제가 되지 않는다(Sturm et al., 2019).

AI와 음악가의 관계: 경쟁자 혹은 조력자?

AI와 음악가의 관계가 어떠해야 하는지는 여전히 논쟁 중이다. AI는 다양한 창작 과정에서 음악가들을 도와줄 수 있지만, 창작 과정을 얼마나 자동화할 수 있느냐에 따라 경쟁자로 변할 가능성도 있다. 그 이유는 현대의 많은 대중음악가가 새로운 유행을 선도하는 예술가임과 동시에 대중에게 익숙한 음악을 다량 제공하는 역할을 해야 하기 때문이다. 그러나 현재로서는 AI가 감정과 창의성을 완전히 대체하기는 어려우므로 창작 과정에서 음악가가 주도적 역할을 계속할 수 있다. 하지만 가까운 미래에 AI가 더 발전하여 인간의 창의적 사고를 모방하고 감정적 요소를 더 잘 반영하게 된다면, AI는 잠재적으로 음악가의 '경쟁자'가 될 수도 있다. 또한 마치 인간 음악가들이 서로 협업하는 것처럼 AI가 단순한 기술적 도구를 넘어 중요한 동반자 역할을 할 수도 있다. 이에 따라 AI는 음악가들이 실험하고 도전할 새로운 가능성을 제공하며, 기술적 한계를 극복하고 창의성을 발휘하는 환경을 제공할 것이다.

원하든 원하지 않든 간에

한 드라마의 대사와 같이, 원하든 원하지 않든 간에 일어날 일은 일어난다. 컴퓨터가 보편화된 지난 20년의 발전은 전체 인류 수백만 년의 기술적 발달에 필적한다고 평가받는다. 기술 발전의 산출물들은 때로 너무 빨리 다음 단계로 진화하고 해당 기술을 사용하지 못한 문명은 도태된다. 이는 곧 우리가 새로운 기술을 원하든 원하지 않든 어딘가에 누군가는 발전한 기술을 사용하고 발달시키고자 노력하고 있다는 것을 의미한다. 이러한 경쟁적 기술의 사용은 때로 도덕적 딜레마를 초래하거나 좋지 않은 결과를 초래할 수 있다. 반면에 그 좋지 않은 결과를 막아내는 방법 또한 해당 기술을 온전히 이해하고 올바른 방향으로 사용하는 것이며, 더 빨리 상위 기술을 개발해 내는 것이다. 예술은 예부터 극단적인 전통과 진보를 지향해 왔다. 때로는 전통적인 접근 방법을 고수하려고, 때로는 가장 최신의 것을 찾아내려고 노력한다. 그러나 이러한 상반된 방식의 진영이 공통으로 경계해야 할 것은 바로 새로운 기술의 외면이다. AI의 등장과 활용 또한 추구하고자 하는 가치관에 맞지 않는다는 이유로 많은 음악가에게 외면받기도 한다. 어떤 이들은 이러한 기술의 활용을 이단시하고 깎아내리거나 인정하지 않으려 하기도 한다. 그러나 이러한 반기술적 진영의 입장은 기술의 본질과 원리보다는 기술이 사용된 단편적 측면에만 집중한다는 특징이 있다. 이렇게 기술의 단편적 사용에 대한 부정적 영향에 매몰되면 기술의 다방면적 활용을 놓치는 경우가 많다. 예를 들어 비트코인에 부정적인 사람은 블록체인에 관심을 두지 않는다. 핵무기 사용에 부정적인 사람은 핵을 나쁘게만 인식할 것이다. 현재 음악 AI의 활용 또한 미디어에서 생성형 AI의 단편적인 부분만 주로 노출되다 보니 단편적 시각에 매몰되어 인식이 고착되는 경우가 많다.

현대 예술 사조의 발달을 되짚어 본다면, 사조의 변화

와 발달에는 늘 기술과 도구의 발전이 영향을 미쳐 왔다. 예를 들면 15세기 인쇄술의 발명은 예술 작품의 대중적 확산과 진보적 기법의 보편화에 도움을 주며 르네상스를 이끌었다. 또한 19세기 중반 사진술의 발명은 인상주의의 부흥이라는 큰 변화의 흐름을 불러왔다. 사람들은 사진의 발명으로 사실적 묘사에 대한 강박에서 벗어나 전혀 새로운 시각과 색채를 지닌 접근 방법을 탐구할 수 있었다. 영화와 비디오 기술의 발달은 백남준과 같은 미디어 아티스트들에게 새로운 표현 수단과 재료를 제공하며 새로운 형태의 예술을 탄생시켰고 지미 헨드릭스는 앰프와 각종 이펙터 같은 전자 기기를 활용해 대중음악의 흐름을 완전히 바꾸어 놓았다. 이렇듯 기술의 발전은 언제나 예술의 큰 흐름 변화에서 중심이 되어 왔고 새로운 기술을 어떻게 창의적으로 사용할지를 연구하는 것은 앞으로의 예술 변화에서도 가장 중요한 원동력이다. 우리는 AI라는 새로운 기술적 도구를 활용하여 백남준이나 지미 헨드릭스처럼 새로운 장르의 지평을 열 수도 있으며, 사진술의 발명과 같이 신기술의 강점에 대항하여 새로운 시각의 예술적 접근 방법을 개척해 나갈 수도 있다.

이 책에서는 다시 한번 AI와 음악의 원리를 생각해 보고 다방면에서 사용할 가능성을 제기함으로써 AI를 활용해 음악을 긍정적으로 변화시킬 수 있음을 환기하고자 한다.

이 책의 구성

이 책에서는 음악을 창작하려는 인간의 접근 방법과 AI의 원리 그리고 음악에 관련된 AI의 능력 범위를 다룬다. 또한 이를 기반으로 다양한 관점과 분야에서 AI의 활용 가능성을 탐색한다. AI와 사람이 음악을 만드는 방법(1장), 음악의 3요소와 AI(2장), 음악의 제4요소, '음색'(3장)은 사람과 AI가 음악을 창조하려고 사용하는 접근 방법과 필요 요소들을 정리했다. AI를 효과적으로 활용하려면 혹은 AI를 활용해 효율적인 도구를 개발하고 설계하려면 먼저 전통적인 작곡 방식과 음악의 구조를 깊이 이해하는 것이 필수다. 이 책의 1장, 2장, 3장은 AI와 인간이 음악을 창작하는 방법을 논리적으로 설명하는 데 중점을 두었다. 이는 마치 인간이 작곡이나 연주를 하려고 피아노 앞에 앉았을 때, 어떤 순서로 작업을 처리하는지와 비슷하다. 예를 들어 재즈피아니스트는 주선율과 화음만 적힌 악보 앞에서 주어진 시간을 어떻게 분배하고 연주를 풀어 나갈지 생각해야 한다. 이를 위해 연주자는 곡의 구성을 이해해야 하고 그 구성이 요구하는 장르와 분위기에 맞게 학습된 패턴으로 연주를 풀어 나간다. 이는 어떻게 AI에 주어진 조건 안에서 음악을 만들어 나갈지 주문하는 사고 절차와 매우 유사하다. 1장에서 3장까지의 주제는 인간이 작곡하는 데 필요한 음악의 주요 3요소인 멜로디, 리듬, 화성의 원리를 AI가 어떻게 처리하여 생성하는지, 그 기계적 논리를 이해하려고 선정했다.

어떠한 기술을 더 발전시키거나 해당 기술을 잘 이용하는 데 그 기술의 한계와 다른 유사 분야의 차이를 이해하는 것이 매우 중요하다. 4장 AI 음악 생성의 한계점과 5장 Gen AI의 미래는 음악 생성 AI에서 개선이 필요한 사항과 다른 분야 생성 AI와 차이점, 그로써 생겨나는 난관을 정리했다. 계산 능력이 뛰어난 컴퓨터 시스템이 개발된 이후 인류가 가장 기대한 것은 바로 인간이 노동에서 해방되고 그 노동을 대신할 강력한 도구가 탄생하는 일이었을 것이다. 인류와 다른 동물의 가장 큰 차이점이 바로 지능임을 이해하고 있었으므로 컴퓨터 기술 개발 초기부터 인공지능이라는 연구 영역은 많은 관심을 받았다. 그러나 인간의 종합적 지능을 구현하기에는 생각보다 방대한 데이터와 연산 능력이 필요했지만 초기의 컴퓨터 하드웨어 개발 속도는 이를 따라가는 데 한계가 있었다. 이러한 제약으로 한동안 침체기를 맞았던 AI 연구 분야는 미세 공정의 발전으로 반도체 성능이 비약적으로 발전하면서 다시 활력을 얻게 되었다. 이러한 AI의 가능성을 대중에게 일깨운 분야는 바로 고등 사고 능력이 필요한 창작 영역이었고, 이 창작 능력의 가능성을 가장 극명하게 보여 준 것이 음악과 같은 예술의 영역인 이미지 생성, 즉 미술 분야였다. 그러나 이미지 관련 AI의 발달과 활용에 비해 음악 AI의 활용과 발전은 상대적으로 미약하다. 4장과 5장에서는 이러한 차이와 원인을 좀 더 쉽게 이해하려고 이미지 AI와 음악 AI의 개발과 사용의 인식 그리고 그 특징을 알아본다.

그러나 인간의 생활에는 꼭 창작과 같은 예술 활동만이 필요한 것은 아니다. 이미지 창조 AI가 당연히 시각 신호의 인지에서 시작하는 것과 같이 음악의 AI 또한 청각 신호의 인지와 분석이 필요하며, 그로써 그를 활용한 다양한 도구의 개발이 가능하다. 또한 모든 창작은 사람이 소비할 때 그 가치가 빛을 발하므로 소비자의 관점을 이해하는 것 또한 매우 중요하다. 이러한 인지와 분석의 개발에서 가장 중요한 요소는 학습 데이터이며 음악 소비에서 이러한 학습 데이터의 활용은 매우 중요하다. 아울러 이러한 기계 학습을 고도화하는 방법의 하나인 강화 학습이 음악 생성 AI에 미치는 영향을 알아보는 것 또한 필요한 과정이다. 사용자의 취향과 평가(6장), AI의 음악 인지와 분석(7장), AI 음악의 소비(8장)에서는 사용자와 음악 소비자의 관점에서 활용될 수 있는 음악 AI 분야 그리고 강화 학습 내용을 정리했다.

마지막으로 연주 훈련을 위한 AI(9장)와 작곡 보조를 위한 AI(10장)는 음악을 즐기고 실력을 향상하고자 하는 인간 본연의 기쁨에 도움을 줄 수 있는 AI의 활용을 정리했다. 만약 자동 음악 생성 AI가 비약적으로 발전해 모든 상업 음악의 영역을 AI가 작업하는 시대가 온다고 하더라도 우리는 직접 음악을 영유하고 즐기는 쾌감을 포기하지 않을 것이다. 그러한 시대에도 인간은 여전히 정성을 들여 자신의 아이디어를 확장하고 완성하여 인간적 철학과 감정을 나누길 원할 것이다. 이러한 목표를 달성하고 성취를 느끼려고 인간은 다양한 보조 도구를 꾸준히 사용할 것이며 어떻게 하면 더 빠르고 효율적으로 목표에 도달할지 끊임없이 연구할 것이다. 9장과 10장은 이러한 관점과 가능성에서 다양한 AI의 활용 방안을 탐구하려고 주제로 선정했다.

우리는 무한 경쟁 시대에 살며 종종 모든 현상을 도전

과 경쟁의 관점에서만 바라보는 경향이 있다. 음악 생성 AI와 같은 기술의 등장 또한 이러한 관점에서 큰 우려를 불러일으키고 있다. 그러나 저자는 음악의 본질이 단순한 경쟁이 아닌 즐거움과 감동을 추구하는 데 있다고 믿는다. 물론 독점이나 부정한 방법으로 시장을 왜곡하는 일은 경계해야겠지만, AI와 인간이 협력하여 새로운 창조의 기쁨을 발견하고 더 나은 방법으로 음악의 즐거움을 만끽할 수 있기를 기대한다. 이 책은 AI와 인간이 협업해 창의성을 확장하고, 그 과정에서 더욱 풍부한 음악이 창작될 수 있는 미래를 꿈꾸며 썼다. AI는 단순한 기술적 도구가 아니라 창작자와 함께 새로운 음악적 지평을 열어 나가는 중요한 파트너가 될 수 있다. 독자들이 이 책으로 AI와 인간이 협력하여 창작의 즐거움을 극대화하고, 더 나은 방법으로 음악의 본질을 탐구할 가능성을 발견하기를 바란다.

참고문헌

Bonini, T., & Magaudda, P.(2024). Artificial intelligence: Where the music of the future is heading. In *Platformed! How Streaming, Algorithms and Artificial Intelligence are Shaping Music Cultures*. Palgrave Macmillan, Cham.

Liu, W.(2023). Literature survey of multi-track music generation model based on generative confrontation network in intelligent composition. *Journal of Supercomputing*, 79(6), 6560-6582.

Moffat, D., & Sandler, M. B.(2019). Approaches in intelligent music production. *Arts*, 8(4), 125.

Novelli, N., & Proksch, S.(2022). Am I (Deep) Blue? Music-Making AI and Emotional Awareness. *Frontiers in Neurorobotics*, 16.

Sturm, B. L. T., et al.(2019). Artificial intelligence and music: Open questions of copyright law and engineering praxis. *Arts*, 8(3), 115.

01
AI와 사람이 음악을 만드는 방법

AI와 사람이 음악을 만드는 방법은 무엇이 다를까. 작곡의 원리를 이해하면, AI와 협업함으로써 새로운 창작의 문이 열린다. 이 장에서는 작곡의 구성 요소와 경우의 수 그리고 AI 기술이 음악 창작에 가져온 혁신을 살펴본다. 또한 AI 기반 작곡 시스템이 어떻게 음악의 미래를 바꾸고 있는지도 알아본다.

AI와 1인 창업?

작곡의 구성

인류는 탄생 이래 어떠한 유흥을 즐기거나 종교적 의식을 위해 음악을 시작했을 것으로 추정된다. 단순한 구조의 리듬과 악기들로 시작된 음악은 점차 다양한 악기가 개발되며 편안한 소리를 만들고자 정렬되었을 것이며, 의식의 흐름에 따라 분위기의 변화를 만들어 내려고 곡의 흐름에 따른 컨투어(contour)가 만들어졌을 것이다(Montagu, 2017).

이러한 작곡 방법들은 문서와 기호가 발달하면서 저장 · 계승되어 분석되고 발전해 왔다. 기원전 6세기에 피타고라스는 듣기 편한 음정들의 규칙을 수학적으로 연구하여 정리하였고, 아리스토크세누스 등은 리듬 체계를 연구하여 정리했다. 그로부터 다양한 연구와 개선이 이루어졌고 현재 우리는 2배수의 주파수를 12개로 분할한 음정을 사용하고, 일관된 시간의 흐름을 64개 구역으로 분할하여 리듬으로 사용하고 있다(Winnington-Ingram, 1932).

각 지역에 사용되던 다양한 음정의 조합은 대개 7개 음정으로 추려져 스케일이 만들어졌고, 곡의 중심을 잡아주는 조성으로 발전하였으며, 지역의 특색을 담은 리듬은 노래의 장르와 스타일을 표현하는 데 사용되고 있다(McBride et al., 2023).

일반적으로 음악은 이러한 음정과 리듬의 조합으로 만들어지며 음계를 일정한 규칙으로 쌓아 올려 화음을 만들어 음악의 진행 방향을 결정하거나 특정한 감정과 분위기를 만들어 내곤 한다(Bigand & Poulin-Charronnat, 2016).

이러한 재료들로 채워진 곡의 구성은 다음과 같다.

우리가 가장 흔하게 듣는 현대의 대중음악은 물질의 구성인 원자, 분자같이 단위별로 구성되는데 가장 작은 단위인 모티브로부터 악구, 악절, 도막으로 구성되며 도막들이 모여 음악을, 전체를 구성하게 된다. 일반적으로 2마디 멜로디 라인을 조합해 4마디 문장을 만들고 4마디 조합을 2개 구성하여 8마디짜리 문단을 만들어 낸다. 이 8마디 문단은 1절, 2절, 코러스(Chorus) 같은 파트를 구성하고 대개 4개 파트를 조합하여 32마디 구성을 만든 후 편곡으로 조정하여 3분에서 5분 사이의 대중음악을 작곡하게 된다.

작곡의 경우의 수와 컴퓨팅

작곡은 이러한 원리로 가장 작은 단위인 2마디 안에 들어갈 멜로디나 리듬 혹은 코드의 진행 창작에서 시작된다. 리듬의 경우, 한마디를 최대 64비트로 쪼갤 수 있지만, 이는 너무 세분된 방식이므로 일반적으로 16비트 또는 32비트 단위로 나눠 사용한다. 또 4분음표 3연음이나 8분음표 3연음을 포함할 수도 있다. 우리는 4/4박자를 기준으로 첫 음표부터 그 길이와 쉼표 여부를 결정하고, 빈자리를 채워 나가면서 리듬을 만들 수 있는데 다양한 상황을 제약한다 해도 2마디를 채울 수 있는 리듬 조합의 경우의 수는 매우 많다.

이렇게 생성된 리듬에 1옥타브에서 1옥타브 반 정도 음역에 속한 약 18개 음정을 배치해 멜로디를 구성한다고 가정하면, 멜로디 생성 조합의 경우의 수도 계산할 수 있다. 하지만 이처럼 리듬과 멜로디의 경우의 수는 매우 방대하여 모든 경우의 수를 계산하는 과정에는 많은 컴퓨팅 자원이 필요하다. 그러나 이를 순차적 단계로 구분하여 하나의 주사위를 굴리듯 빈칸을 채우면 기계적인 작곡을 진행할 수 있다. 이렇게 생성된 작은 단위의 아이디어는 곡 흐름의 설계에 맞춰 확장되고 편곡 과정을 거쳐 하나의 곡으로 완성된다.

하지만 무작위로 생성된 음악은 흔히 조성 체계나 대중에게 익숙한 흐름과 맞지 않을 수 있어 더 세밀하고 다양한 제약을 설정해야 한다. 이런 조건의 제약을 체계화한 것이 바로 대위법과 화성학 같은 음악 이론이다. 초기의 작곡 AI 시스템은 이러한 조건과 앞뒤 맥락을 고려하는 유기적 관계를 형성하며 음악을 생성하는 방식으로 발전해 왔다. 예를 들어, 클래식 화성학에서는 주어진 조성 안에서 베이스나 소프라노의 진행을 기준으로 음들의 앞뒤 관계를 고려해 음악의 흐름을 만들어 내며 지켜야 할 규칙과 피해야 할 규칙을 제시한다. 이 같은 규칙들은 프로그래밍으로 전후 관계를 판단하고 추천 음을 제시할 수 있는 AI 모델을 구축하는 데 충분히 적용될 수 있다. 또 악식론과 같은 곡 전체 흐름을 정리한 이론 체계도 곡의 구조를 규칙화해 적용할 수 있다.

1956년에 등장한 일리악 스위트(Iliac Suite)와 같은 초기 AI 프로젝트는 기본 알고리즘을 사용해 음악을 작곡했으며, 당시에는 전통적인 음색 조화의 규칙에 따라 음악을 생성했다. 이후 1997년에는 요한 제바스티안 바흐(Johann Sebastian Bach)의 스타일을 반영해 클래식 음악을 작곡할 수 있는 에미(Experiments in Musical Intelligence, EMI) 프로그램이 개발되었다. 이 프로그램은 앞서 설명한 화성학과 같은 음악적 공식을 대입해 곡을 만들어 내는 방식의 대표적 예시다(Othilia, n.d.).

이후 컴퓨터 성능과 기술 발전에 따라 대량의 데이터

를 학습하고 규칙을 스스로 학습할 수 있는 알고리즘이 등장했다. 현대 AI의 대표 사례 중 하나는 딥러닝 알고리즘을 사용해 클래식 음악을 작곡하는 아이바(Artificial Intelligence Virtual Artist, AIVA)다. AIVA의 작품인 〈제네시스(Genesis)〉는 클래식 거장들의 작품에 필적하는 복잡한 멜로디와 화성 구조로 많은 음악인을 놀라게 했다. 또한 딥러닝 알고리즘은 이제 클래식과 같은 제한적 장르를 넘어 사용자가 원하는 스타일에 맞는 곡을 생성할 수 있다. 사용자가 특정 장르나 분위기를 제시하면, AI는 이에 맞는 리듬과 멜로디를 생성할 뿐 아니라, 업로드된 영상의 흐름에 맞춘 음악을 만들기도 한다.

이와 같은 AI 기반 작곡 시스템이 가능해지려면 대량의 데이터와 고성능 컴퓨팅 자원이 필수다. AI는 작곡하려고 수많은 곡의 데이터를 학습하고, 그 안에서 음악적 패턴과 규칙을 찾아낸다. 이러한 데이터는 단순히 음표와 음정에 대한 정보뿐 아니라 음악적 맥락과 감정적 흐름까지 포함하여 분석해야 한다. 현재 우리는 이러한 복잡한 연산을 처리할 수 있는 컴퓨팅 발전의 시대에 살고 있다(Alaeddine & Tannoury, 2021). 과거에는 작곡가 혼자서 모든 음악적 요소를 구상하고 완성해야 했지만, 이제는 AI와 협업해 좀 더 효율적이고 창의적인 음악 창작이 가능해졌다. 이러한 변화는 단순히 작업 속도를 높이는 것을 넘어 음악의 창작 범위를 확장하고, 더 많은 실험적이고 독창적인 음악을 만들어 낼 기회를 제공한다. 다양한 음악 AI는 더 나아가 음악을 공부하고 이해하는 방식에도 큰 변화를 불러올 것이다. 결과적으로, 현재의 컴퓨팅은 단순히 음표와 리듬, 각종 파라미터의 경우의 수를 계산하는 도구에 그치지 않고 음악 창작의 새로운 동반자로 자리 잡고 있으며, 이는 미래의 음악 작곡, 소비, 훈련 방식에 큰 영향을 미칠 것이다.

참고문헌

Alaeddine, M., & Tannoury, A.(2021). Artificial Intelligence in music composition. In I. Maglogiannis, J. Macintyre, & L. Iliadis (Eds.), Artificial Intelligence Applications and Innovations. AIAI 2021. *IFIP Advances in Information and Communication Technology* (Vol. 627). Springer, Cham.

Bigand, E., & Poulin-Charronnat, B.(2016). Tonal cognition. In S. Hallam, I. Cross, & M. H. Thaut (Eds.), *The Oxford handbook of music psychology* (2nd ed.). Oxford University Press.

McBride, J. M., et al.(2023). Convergent evolution in a large cross-cultural database of musical scales. *PLoS ONE*, 18(12), e0284851.

Montagu, J.(2017). How music and instruments began: A brief

overview of the origin and entire development of music, from its earliest stages. *Frontiers in Sociology*, 2.

Othilia.(n.d.). AI in music creation and the ethical challenges of it. Medium, https://medium.com/@othilia/ai-in-music-creation-and-the-ethical-challenges-of-it

Winnington-Ingram, R. P.(1932). Aristoxenus and the intervals of Greek music. *The Classical Quarterly*, 26(3-4), 195-208.

02
음악의 3요소와 AI

음악의 3요소와 AI는 어떤 관계일까. 음악 창작의 핵심인 리듬, 멜로디, 화성을 이해해야만 AI와 협업해 새로운 음악을 만들어 낼 수 있다. 지식 기반 시스템을 활용해 AI가 어떻게 음악을 학습하고 생성하는지 그리고 이것이 음악의 미래에 어떤 영향을 미치는지 살펴본다. 또 AI 기반 작곡 시스템의 장단점과 한계점도 정리한다.

AI와 MBTI?

지식 기반 시스템의 이해

컴퓨터가 등장한 이후 많은 작곡가가 자동 작곡 시스템을 만들려고 연구해 왔다. 컴퓨터가 스스로 분석하고 학습하는 딥러닝이 등장하기 이전에 연구자들은 일반적이고 음악학적으로 정리된 화성학, 대위법과 같은 규칙들을 프로그램화하거나, 자신들의 특징적인 음악 기법들을 논리화하여 규칙을 만들어 냈다. 이러한 시스템을 지식 기반 시스템(Knowledge-based System)이라 한다.

지식 기반 시스템은 기본적으로 인간의 의사 결정 과정을 모방하도록 설계된 컴퓨터 시스템이다. 이 시스템은 구조화된 정보, 추론 능력 그리고 영역별 전문성을 활용해 문제 해결을 돕는다(Liu et al., 2017). 이는 특정 영역 전문가의 사고를 모형화하여 그들의 전문적 지식과 문제 해결 절차를 적용하며, 데이터 재보정 혹은 논리 구조 수정으로 지속적인 운영 효율성을 보장한다. 이러한 시스템은 복잡하고 빠르게 의사결정을 해야 하는 의료, 금융과 같은 환경에서 전문가의 의사결정을 지원하는 데 큰 역할을 한다.

음악 생성 AI에서 지식 기반 시스템을 활용하는 장점은 앞서 무작위적인 경우의 수를 사용하는 방식보다 정교하게 음악 생성 논리를 적용할 수 있다는 것이다. 예를 들어 특정한 장르의 음악을 생성할 때, 그 장르의 전문가가 음악을 창작할 때 사용하는 논리적 과정과 규칙을 시스템에 적용해 지속적으로 그 특징을 발현시킬 수 있다(심인섭, 2021).

하지만 지식 기반 시스템을 설계하고 개발하려면 많은 고려 사항이 필요하여 복잡하고 까다롭다. 또 이 시스템은 전체 멜로디, 코드, 리듬, 악기 선택 등을 통합한 음악을 생성하는 것보다는 멜로디, 리듬, 화성 등 부분적 생성에 특화되어 있으며, 특정 장르나 스타일로 국한될 수 있다는 단점이 있다. 그런데도 이 시스템이 중요한 이유는 뒤이어 나올 기계 학습형 AI에 학습 데이터를 대량 제공하며, 중요한 연결 고리 역할을 하기 때문이다(Muller et al., 2019).

2000년대 초반에 기계 학습 AI가 두각을 드러내며 많은 연구자가 음악 생성 기계 학습 AI 개발에 집중했지만, 공통으로 겪은 가장 큰 난관은 음악 학습 데이터가 부족하다는 것이었다(Yunoki et al., 2024). 먼저 두각을 나타낸 이미지 인식 및 생성을 위한 기계 학습 AI는 웹상에서 생성된 방대한 이미지 데이터를 손쉽게 활용할 수 있었다. 이미지 데이터 수백만 개는 AI가 학습하고 패턴을 추출하는 데 중요한 자원이 되었지만, 음악은 다양한 포

맷과 형태로 존재하는데, 그 또한 데이터 모수가 부족해 충분히 학습하기가 어려웠다. 연구자들은 미디(MIDI) 데이터, 악보, 오디오 파형 등 다양한 형태의 데이터를 수집해 학습을 시도했지만, 결과적으로 창의적이지 않거나 대중의 취향을 만족시키지 못하는 음악을 생성하는 데 그쳤다. 그러나 오늘날에는 수노(SUNO) 같은 통합형 생성 AI가 멜로디, 화음, 리듬, 악기 구성, 곡의 구성 등을 모두 포함한 음악을 한 번에 생성할 수 있다. 하지만 결국 이러한 고도화된 시스템의 이면에는 각각의 작곡 요소가 분리된 생성 논리와 지식 기반 시스템으로 학습된 과정이 포함되어 있다(Dong, 2023).

대표적인 작곡 순서와 음악의 3요소

일반적으로 작곡을 시작하는 가장 기본적 순서는 곡의 주제 혹은 특징이 될 음악적 동기(Motive)를 찾는 것이다. 이 동기는 음악의 3요소(리듬, 멜로디, 화성) 중 무엇이든 될 수 있으며, 종종 작곡가는 머릿속에 떠오른 짧은 모티브를 확장·전개하여 작곡을 마무리한다(Auerbach, 2021). 작곡 작업은 자연스럽게 편곡으로 이어지며, 이 과정에서 화음, 리듬 구성, 멜로디의 등장 순서 등이 결정된다. 최근에는 팝 음악에서 작곡 작업이 분업화해 보컬 선율을 담당하는 톱 라이너(Top liner)와 악기 파트를 담당하는 트랙 메이커(Track maker)가 나뉘어 전문화된 방식으로 작곡 작업을 진행하는 경우가 많다.

이와 유사하게, AI 기반 작곡의 연구 또한 세분화해 왔다. 다양한 영역에 특화된 AI가 개발되었으며, 사용자는 리듬, 멜로디, 화성, 편곡 등 각 요소에 맞는 AI 도구를 사용해 작곡할 수 있게 되었다. AI는 각 작곡 요소를 개별적으로 분석하고 처리할 수 있어 작곡의 일부만 맡기거나 전체 작업을 지원하는 등 협업하는 방식으로 활용할 수 있다.

리듬은 음악의 3요소 중에서 가장 단순하게 접근할 수 있는 요소이자 음악 장르를 결정하는 데 가장 중요한 역할을 한다. 예를 들어, 스윙(Swing), 보사노바(Bossa Nova), 리듬앤드블루스(R&B) 같은 장르는 리듬 패턴에 기반하며, 각 장르의 고유한 리듬 패턴이 곡의 스타일을 결정한다(Danielsen et al., 2023). 일반적으로 리듬 파트는 4마디 단위로 구성되며, 3마디는 기본 리듬을 유지하고, 네 번째 마디에는 특색 있는 변화(Fill-in)가 추가된다. AI는 이와 같은 리듬 패턴을 분석하고 장르에 맞는 리듬을 생성하는 데 매우 유용하게 사용될 수 있다.

화성의 구성 요소 중 하나인 코드 진행(Chord Progression)은 각 음표와 마디에 화음을 어떻게 배치할지 결정하는 과정이다. 코드의 종류에는 불안과 안정의 느낌을 주는 코드들이 존재하며, 대중음악에서는 불안감을 조성하고 이를 해결하는 방식으로 문장을 구성한다(Navarro-Caceres et al., 2020). 일반적으로 4마디 또는 8마디 단위로 불안과 해결이 반복되며, 이로써 문장의 종지감이 나타난다. AI는 이처럼 정해진 패턴이나 기본적인 코드 진행(예: 2-5-1 진행)을 분석하고, 사용자가 원하는 스타일에 맞는 코드 진행을 제안할 수 있다. 또한 머니 코드 혹은 2-5-1 진행과 같이 대중음악의 역사에서 오랜 시간 자주 사용되는 코드 진행의 조합이 존재하며 이러한 기본 구성을 기초로 작곡을 시작하는 경우도 많다.

멜로디 작곡은 선택의 폭이 넓고 경우의 수가 많아 가장 까다로운 부분이다. 멜로디는 창의적이어야 하지만, 너무 큰 도약은 피해야 하는 등 규칙적인 제약도 많다. 동시에 음악의 전면에 드러나므로 기존 음악과 유사하면 표절 논란에 휘말리기도 쉽다(Malandrino et al., 2022). 하지만 같은 멜로디라도 다른 코드 진행과 함께 사용하면 전혀 다른 느낌을 주기도 한다. 일반적으로 조성이 정해지면, 해당 조성의 스케일 안에서 멜로디가 작성되며, 스케일 밖의 음은 꾸밈음 또는 지남음으로 사용된다. 그러나 전조나 코드를 다채롭게 진행하려는 리하모니제이션 스킬에서는 스케일 밖의 음이 오히려 강한 존재감을 드러내기도 한다. 멜로디의 작곡 범위를 제한하려면 이미 짜인 코드 진행의 구성 위에서 작곡하는 것이 유리하다. 각 코드는 코드 톤으로 분류되는 주요한 음들이 정해져 있고 특정한 주요 음을 목표로 정하고 그 목표 음을 향해 음들을 진행하는 방법 등을 사용할 수 있다. 혹은 정해진 가사에서 강조하고 싶은 가사를 고음에 배치하거나 음절과 음률 단위를 쪼개 리듬을 배치하는 방법으로 접근할 수 있다.

초기의 AI 시스템은 대부분 이러한 작곡 요소의 생성 논리들을 기반으로 설계된 지식 기반 시스템이었으며 분화된 역할을 하는 기계 학습 프로그램도 이러한 데이터의 구조를 기반으로 설계되었다.

참고문헌

심인섭. (2021). 찰리 파커 솔로기법 분석을 통한 프레이즈작곡 지식기반시스템 개발연구: ≪Confirmation≫, ≪Donna Lee≫, ≪Anthropology≫를 중심으로 [경기대학교 박사학위논문].

Auerbach, B.(2021). *Introduction to Motives. In Musical Motives: A Theory and Method for Analyzing Shape in*

Music. New York: Oxford Academic.

Danielsen, A., et al.(2023). Shaping rhythm: Timing and sound in five groove-based genres. *Popular Music,* 42(1), 20-41.

Dong, L.(2023). Using deep learning and genetic algorithms for melody generation and optimization in music. *Soft Computing,* 27(24), 17419-17433.

Liu, S., et al.(2017). Sustainable knowledge-based decision support systems (DSS): Perspectives, new challenges and recent advance. *Industrial Management & Data Systems,* 117(7), 1318-1322.

Malandrino, D., et al. (2022). An adaptive meta-heuristic for music plagiarism detection based on text similarity and clustering. *Data Mining and Knowledge Discovery,* 36, 1301-1334.

Muller, L., et al.(2019). An open access medical knowledge base for community-driven diagnostic decision support system development. B*MC Medical Informatics and Decision Making,* 19(93).

Navarro-Caceres, M., et al.(2020). A computational model of tonal tension profile of chord progressions in the tonal interval space. *Entropy,* 22(11), 1291.

Yunoki, I., et al.(2024). Exploring AI music generation: A review of deep learning algorithms and datasets for undergraduate researchers. In C. Stephanidis, M. Antona, S. Ntoa, & G. Salvendy (Eds.), HCI International 2023 Late Breaking Posters. HCII 2023. *Communications in Computer and Information Science,* vol 1958. Springer, Cham.

03
음악의 제4요소, 음색

음악의 제4요소인 음색은 왜 중요한가. 현대의 음악가들이 음색의 중요성을 이해해야만 새로운 음악 창작의 문을 열 수 있다. 전자악기의 발전으로 무한한 음색 조합이 가능해졌고, AI 기술은 음색 변화를 혁신적으로 이끌고 있다. 이 장에서는 음색의 정의와 생성 원리 그리고 AI가 음색에 미치는 영향과 그에 따른 법적·윤리적 이슈까지 다룬다.

AI와 난임 극복?

음색이란 무엇인가?

멜로디, 화음, 리듬이 일정한 틀 안에서 정형화됨에 따라 현대의 음악가들은 새로운 음악적 재료로 음색을 적극적으로 활용하고 있다. 특히 전자악기의 등장으로 다양한 전기적 신호를 변형해 새로운 음색의 조합을 무한히 만들어 낼 수 있게 되었으며, 이는 현대 음악에서 중요한 요소로 자리 잡으면서 제4의 음악 요소로 불리고 있다(McAdams, 2019).

예를 들어, 요즘의 아이돌 음악은 상대적으로 단순한 멜로디, 코드 진행과 리듬을 사용하지만, 청취자의 이목을 끌고자 독창적이고 매력적인 음색을 활용하여 짧은 시간 안에 주목받으려 노력하고 있다. 음색의 차별화는 대중음악에서 중요한 역할을 하며, 이는 청취자가 특정 음악을 기억하고 인지하는 데 중요한 요소가 된다(Patil et al., 2012).

음색이 만들어지는 과정과 원리를 살펴보면, 우리의 청각 신호가 파형으로 이루어져 있음을 알 수 있다. 파장은 전기적 신호로 변환되어 시각화할 수 있으며, 파장은 음정, 파고는 음압, 파형의 모양은 음색을 결정짓는다. 로버트 모그(Robert Moog)는 가장 순수한 파형 운동인 사인파(Sine Wave)를 기본으로 하여 다양한 파형을 생성할 수 있는 오실레이터(Oscillator)를 개발했다. 이로써 다양한 파형을 조합하고 특수한 효과들을 결합하여 새로운 소리를 만들어 내는 신시사이저가 탄생했다(Cornell University, n.d.).

신시사이저의 개발은 현대 음악에 지대한 영향을 미쳤으며, 신시사이저를 얼마나 잘 다루느냐가 대중음악 작곡가의 주요 역량으로 자리 잡았다. 이에 따라 프리셋(preset) 라이브러리와 같은 다양한 음색 소스가 제작되어 상품화되었으며, 작곡가들은 이러한 소스를 활용해 자신만의 음악적 색채를 강화하고 있다. 또한 음악 제작에 적합한 좋은 신시사이저 소리를 찾으려고 다양한 프리셋이 공유되고 활용된다.

음색은 이제 단순히 보조적 역할을 넘어 현대 음악의 핵심 창작 요소로 자리 잡았으며, 음악의 창의성과 독창성을 표현하는 중요한 수단으로 자리매김하고 있다(Abram, 2021).

OSC/EQ/LFO

신시사이저로 다양한 소리를 조합하고 컨트롤하려면 여러 가지 전기적 신호를 조절할 수 있는 다양한 파라미터가 필요하다. 우선, 소리를 발진하는 기본 장치인 오실레이터가 존재하며, 더 복잡한 파형을 생성하려고 복수의 오실레이터를 활용해 사인파, 톱니파(Sawtooth Wave), 정사각파(Square Wave) 등을 조합하여 다양한 소리를 만들어 낸다. 이렇게 기본 파형이 설정되면, 소리의 특정 주파수 대역의 볼륨을 조정하여 고유한 음색을 형성한다.

특정 주파수 대역의 볼륨을 조정할 수 있는 장치를 이퀄라이저(Equalizer)라고 하는데, 본래 이퀄라이저는 어쿠스틱 악기나 음향 기기의 녹음 과정에서 전자 기기로 왜곡되는 주파수 대역을 조정하려는 목적으로 개발되었으므로 이퀄라이저라는 이름이 붙었다. 그러나 현대 음악에서는 이퀄라이저를 의도적으로 사용해 특정 주파수 대역을 강조하거나 왜곡해서 독특하고 개성 있는 음색을 만들어 낸다.

신시사이저에서 중요한 역할을 하는 또 다른 장치는 저주파 발진기(Low-Frequency Oscillator, LFO)다. LFO는 가청 주파수보다 낮은 주파수로 작동하며, 귀로 직접 들을 수는 없지만, 오실레이터가 발진하는 파라미터에 진동 효과를 적용하여 다양한 변화를 만들어 낸다. LFO는 기본적으로 오실레이터처럼 파형과 파장을 조정할 수 있으며 이를 음정, 음량, EQ, 파노라마(Panning) 등 다양한 파라미터에 연결하여 변화시킬 수 있다. 이로써 음정, 음량, 좌우의 볼륨 균형 등이 미세하게 주기적으로 변화하는 효과를 만들어 낼 수 있다.

이러한 LFO 활용은 신시사이저 사운드 디자인에서 매우 중요한 요소로 자리 잡았으며, 이를 능숙하게 사용하는 것이 사운드 디자인의 핵심 기술 중 하나가 되었다.

다이내믹/타임 어쿠스틱

음향 발진 장치의 변화 외에도 음색의 특징을 결정하는 요소는 매우 다양하다. 그중 대표적인 것은 시공간계 효과와 음압을 조정하는 다이내믹 효과의 적용이다.

먼저, 시공간계 효과는 리버브(Reverb), 에코(Echo), 딜레이(Delay) 같은 장치를 이용해 원음을 짧은 시간 안에 재생하여 공간의 반사감을 만들어 내는 기능이다. 이는 단순히 공간의 크기나 깊이를 표현할 뿐 아니라, 노스탤지어 같은 특정 감정을 의도적으로 표현하여 청취자의 감정적 반응에 영향을 미칠 수 있다. 이러한 감정적 효과는 음악에서 매우 중요하게 다뤄지며, 이러한 효과가 음악이 인간의 정서적 반응을 유도하는 메커니즘 중 하나라고 설명된다(Woody, 2021).

컴프레서(Compressor), 리미터(Limiter), 노이즈 게

이트(Noise Gate) 같은 다이내믹 효과 장치는 소리의 음압을 조정하여 음향적 특징을 변화시킨다. 컴프레서는 소리의 최대 음량과 최소 음량의 차이를 줄여 더 균형 잡힌 사운드를 만들며, 리미터는 일정 음량을 넘지 않도록 제어해 클리핑(Clipping) 현상을 방지한다. 이러한 다이내믹 처리 장치는 음색의 풍부함과 명료함을 결정짓는 중요한 역할을 한다.

이처럼 시공간계 효과와 다이내믹 처리는 음색을 결정하는 중요한 변수로 작용하며, 음악의 공간적 표현과 감정적 깊이를 더해 주는 필수 요소로 사용된다(McLachlan, 2014).

파라미터 경우의 수 조합으로 생성

음색의 중요성이 부각됨에 따라 음악의 제작과 마찬가지로 AI를 활용하여 음색의 특징을 변화시키는 파라미터를 제공하는 다양한 방법이 개발되고 있다. 이는 크게 새로운 조합을 제공하는 방식과 레퍼런스의 소리를 모방하고 활용하는 방식으로 나뉠 수 있다. 새로운 조합을 제공하는 방식은 앞서 설명한 다양한 요소 가운데 주요한 파라미터들을 무작위로 값을 설정하여 조합식을 제공하거나 여러 가지 장르, 스타일 등에 주로 사용되는 사이드체인(side-chain)의 구성을 프리셋으로 무작위로 제공하는 방식이 될 수 있다. 이러한 방식은 사용자가 자신의 습관화된 파라미터 구성에서 벗어나 새로운 음색을 사용할 기회를 제공하지만 때로는 무작위적인 선택지의 확장으로 오히려 사용자의 선택 부담을 늘리고 창의성을 제한할 수 있다(Mukherjee & Chang, 2023). 반면 신시사이저의 음원과 파라미터 조합을 학습시킨 AI는 기성곡 혹은 샘플 라이브러리 사운드를 제시했을 때 사용자의 신시사이저에서 유사한 소리를 만들어 낼 수 있는 파라미터 조합을 제공하기도 한다. 이는 사용자가 원하는 음색이 명확할 때 빠르게 목표하는 소리를 만들어 낼 수 있고 그 소리를 기준으로 자신의 새로운 음색을 창조할 수 있지만 창의적인 부분에서는 한계가 있을 수 있다.

AI 보컬 커버의 원리

악기의 음색과 마찬가지로, 가장 중요한 음색은 바로 가창자의 음색이다. 악기와 달리 인간의 목소리는 선천적으로 결정되는 요인이 많고, 그 특징이 가수의 지문과 같이 가창자의 정체성을 나타내기에 매우 귀중한 가치를 지닌다. 최근 AI 기술이 발달하면서 음악 제작과 관련한 저작권 이슈 외에 개인의 고유한 음색 보호와 이에 대한 인식이 점점 더 중요하게 논의되고 있다(Baris, 2024).

초상권이나 창작물의 권리는 오랫동안 법적으로 보호받아 왔으나, 개인의 고유한 특성이나 인격적 표현을 보호하는 권리는 비교적 최근에 이슈화되었다. 이러한 권리는 아직 명확하지 않으며, 그 범위와 정의가 불분명한 경우가 많다. 이를 퍼블리시티권 또는 인격권이라 하며, 법적 보호 범위에 대한 논의가 활발히 진행되고 있다.

이와 관련한 최근 음악계의 이슈 사례는 AI 보컬 커버 기술이다. 이는 유명인의 목소리나 가수의 음성을 AI가 학습하여 그들이 직접 녹음하지 않은 작품을 대상자의 목소리로 변환하는 기술이다. 이는 스테이블 디퓨전(Stable Diffusion) 같은 이미지 생성 기술이 오디오 주파수 스펙트럼을 학습해 음성으로 변환하는 방식으로 작동하는데, 그 창의적인 접근과 우수한 효과로 주목받고 있다(Liu et al., 2021).

가장 유명한 퍼블리시티권 사례는 1985년 한 광고에서 유명인의 목소리를 모창 가수가 대신 녹음한 것이다. 이 사건은 권리 침해로 인정받아 목소리도 보호받아야 할 인격적 특성으로 인정된 바 있다(Goossens et al., 2024). AI 보컬 커버 기술의 확산으로 가수가 원하지 않는 경우 학습된 AI 모델을 이용한 변환 작품은 유튜브 등

플랫폼에서 비공개 처리되는 일도 발생하고 있다.

이러한 기술의 발전은 음성의 고유성에 대한 법적 보호를 다시 한번 생각하게 만들뿐더러 퍼블리시티권의 중요성을 부각하고 있다.

참고문헌

Abram, O.(2021). Timbre-based composition, multiple perspectives and ambiguity in Rebecca Saunders' compositional style. *Tempo*, 75(297), 20-34.

Baris, A.(2024). AI covers: legal notes on audio mining and voice cloning. *Journal of Intellectual Property Law & Practice*, 19(7), 571-576.

Cornell University(n.d.). Moog archives: Products. Cornell University Library. https://rmc.library.cornell.edu/moog/products.php

Goossens, S., et al.(2024). Rights of publicity. Reed Smith. https://www.reedsmith.com/en/perspectives/ai-in-entertainment-and-media/2024/02/rights-of-publicity

Liu, S., et al.(2021). DiffSVC: A Diffusion Probabilistic Model for Singing Voice Conversion. 2021 IEEE Automatic Speech Recognition and Understanding Workshop (ASRU), 741-748.

McAdams, S.(2019). Timbre as a Structuring Force in Music. In Siedenburg, K., et al.Eds.), *Timbre: Acoustics, Perception, and Cognition* (Vol. 69, pp. 211-246). Springer, Cham.

McLachlan, N. M.(2014). *Timbre, pitch, and music. In Oxford*

Handbook Topics in Linguistics. Oxford Academic.
Mukherjee, A., & Chang, H. H.(2023.7.24). Managing the creative frontier of generative AI: The novelty-usefulness tradeoff. *California Management Review*. Haas School of Business, University of California, Berkeley. https://cmr.berkeley.edu/2023/07/managing-the-creative-frontier-of-generative-ai-the-novelty-usefulness-tradeoff/
Patil, K., et al.(2012). Music in Our Ears: The Biological Bases of Musical Timbre Perception. *PLoS Computational Biology*, 8(11), e1002759.
Woody, R. H.(2021). Psyching up musicians: Musicians can gain much by better understanding the psychology of music. *Psychology Today*. https://www.psychologytoday.com/us/blog/live-in-concert/202101/psyching-musicians

04
AI 음악 생성의 한계점

AI를 이용한 음악 생성은 어디까지 왔을까. 기술은 비약적으로 발전했지만, 여전히 사용자 요구를 완벽히 반영하기에는 한계가 있다. 이 장에서는 완전 자동 생성 AI와 보조형 AI의 특징을 비교하고, 프롬프트 엔지니어링과 UI/UX의 중요성을 살펴본다. 또 음악과 미술의 프롬프트 접근 방식의 차이를 살펴 AI 음악 생성의 현재 한계와 극복 방안을 분석한다.

AI와 사주?

사용자 요구의 수용: UI/UX와 프롬프트

음악 생성·작곡을 지원하는 AI는 다양한 방식으로 발전해 왔다. 이러한 AI는 크게 완전 자동 생성 AI(End-to-End Generation AI)와 보조형 AI(Assisted Creation AI)로 나눌 수 있으며, 매개변수 기반 AI(Parameter-based AI)와 매개변수 없는 AI(Parameter-free AI)로 구분할 수도 있다.

일반적으로 미디어에 노출되는 AI는 주로 완전 자동 생성 AI나 매개변수 없는 AI가 많은데, 이는 음악을 전문적으로 사용하지 않는 일반 사용자들이 더 쉽게 접근하고 사용할 수 있기 때문이다. 이러한 AI는 한 번에 전체 음악을 생성할 수 있는 툴로, 복잡한 기술 없이도 음악을 자동으로 생성할 수 있다는 점에서 주목받고 있다.

그러나 실제 음악가들에게 더 유용하게 사용되는 AI는 각 음악적 영역에 세분되어 작곡 프로세스 전반에 걸쳐 도움을 제공하는 보조형 AI다. 음악가들은 이러한 AI 툴을 활용해 초안을 작성하거나 보정을 할 수 있지만, 이를 효과적으로 사용하려면 기초적인 음악 지식과 DAW(Digital Audio Workstation) 같은 음악 편집 소프트웨어의 사용법을 익혀야 한다. 이에 따라 음악을 전문적으로 학습하지 않은 사용자들은 AI를 활용해 음악을 만드는 데 제약을 느끼고, 수노(SUNO)와 같은 통합형 생성 AI를 주로 사용하게 된다.

한편, 완전 자동 생성 AI는 프롬프트를 활용해 작동한다. 사용자는 원하는 음악의 특징을 프롬프트에 입력하고, AI는 그 요청에 따라 음악을 생성한다. 이를 프롬프트 엔지니어링(Prompt Engineering)이라고 하는데, 프롬프트는 생성 AI가 특정 작업을 수행하도록 지시하는 텍스트 명령을 의미한다. 이러한 AI는 대규모 기계 학습 모델과 사전 훈련된 심층 신경망을 기반으로 하며 음악, 이미지, 영상, 대화 등 다양한 콘텐츠를 생성할 수 있다(Amatriain, 2024).

이러한 대형 언어 모델(LLM)은 문서 요약, 질의응답 등 다양한 작업을 수행할 수 있지만, AI의 개방형 특성 때문에 입력에 따라 예상치 못한 결과를 제시하기도 한다. 이를 방지하고 사용자 의도에 맞는 결과를 얻으려면 프롬프트를 신중하게 설계해야 한다. 이 과정이 바로 프롬프트 엔지니어링이며, 이는 AI가 제공하는 결과의 품질을 향상하는 중요한 기술이다(Cain, 2024).

요구 사항의 정의 방법: 미술과 음악의 차이

이렇듯 완전 자동 생성 AI를 사용하더라도, AI로부터 원하는 결과물을 얻으려면 사용자가 더 구체적이고 자세한 요구 사항을 설명할 수 있어야 한다. 예를 들어, 어떤 장르의 음악인지, 어떤 아티스트와 유사한 스타일인지, 몇 분의 몇 박자인지, 템포는 어느 정도인지, 장조인지 단조인지, 가창을 위해 어떤 키로 제작해야 하는지 등을 명확하게 설정할수록 더 섬세한 음악적 지식이 필요하다.

이러한 현상은 미술 창작 AI와 그 사용자의 접근 방식 차이로도 비교해 볼 수 있다. 미술과 음악은 같은 창작 분야로, 서로 밀접한 관련이 있지만, 미드저니(Midjourney) 같은 이미지 생성 AI는 널리 사용되는 반면, 음악 창작 AI는 상대적으로 덜 활성화된 이유는 여러 가지가 있을 것이다.

첫째, 시장 수요의 차이가 크다. 이미지나 시각디자인은 광범위한 시장에서 널리 사용되며, 다양한 산업에서 필수적으로 활용된다. 이에 따라 시장의 요구가 많고, 그에 비례해 투자와 개발도 활발해진다. 반면, 음악은 진입 장벽이 상대적으로 높고, 일반 사용자의 필요성이 이미지에 비해 낮은 편이다. 시각디자인 영역과 비교할 때 음악을 이용해 경제활동을 할 수 있는 사람은 제한적이므로 AI를 이용한 음악 창작 도구에 대한 수요도 상대적으로 적을 수밖에 없다.

둘째, 음악의 서술적 묘사가 어려운 점도 큰 차이점이다. 이미지의 경우, 사용자가 사물의 형태, 배치, 색감, 기법 등을 비교적 쉽게 설명할 수 있다. 예를 들어, 형이상학적 주제를 표현할 때도 시각적으로 공통된 클리셰나 패턴으로 누구나 쉽게 설명하고 공감할 수 있다. 그러나 음악에서는 형이하학적 주제조차 서술하기 어려운 경우가 많다. 실제로 음악에서 특정 사물을 음향적으로 표현하는 일은 드물고, 특정 주제를 멜로디, 코드, 리듬, 가사 등으로 표현하는 방법에도 한계가 있다.

음악에서 수정 사항을 요청할 때도 이미지보다 직관적으로 표현하기가 어렵다. 이미지의 경우, 특정 사물의 위치를 x만큼 이동시키거나, 색상을 컬러피커로 쉽게 지정할 수 있다. 그러나 음악에서는 음정, 리듬, 템포 등 구체적인 변경 사항을 요구하려면 음악적 인지 능력과 작곡 지식이 필요하다.

셋째, 음악의 동적 특성도 중요한 차이점이다. 음악은 시간에 기반한 예술로, 동적으로 변화하는 정보를 다루므로 사용자가 특정 부분을 멈춰놓고 오랜 시간 분석하기가 쉽지 않다. 이러한 시간적 흐름 때문에 구체적 특징을 파악하거나 특정 부분을 정확히 집어내기 어렵다. 이미지와 같은 정적 표현에 비해 음악은 시간 차원을 다루기에 프롬프트 엔지니어링이 상대적으로 더 복잡해질 수 있다.

음악 산업에서 AI 영향력의 변화

AI는 음악 산업에서 상업적 용도로 점차 더 많은 영향을 미치고 있다. 광고 음악이나 비디오 게임의 배경음악처럼 대규모 시장에서 빠르게 반복적인 콘텐츠를 생성하는 데 AI는 큰 이점이 있다. AI는 고정된 형식의 음악을 빠르게 생성하여 제작 시간을 단축하고, 비용을 절감할 수 있게 한다. 이는 특히 상업 음악에서 유용하며, 일반적으로 음악의 감정적 깊이보다는 기능적 역할이 강조되는 영역에서 두드러진다.

그러나 창작 음악, 특히 예술성과 감정적 깊이가 요구되는 음악에서는 AI의 영향력이 제한적이다. AI는 학습된 데이터와 패턴을 기반으로 음악을 생성하므로 특정한 감정이나 창의적 영감을 담아내는 데는 어려움이 있다. 이는 음악 산업에서 AI가 기능적 역할에 머물며, 예술적 창작은 여전히 인간 음악가의 몫으로 남아야 한다는 주장의 근거가 된다.

AI는 기존의 음악들을 학습하고 이를 기반으로 새로

운 곡을 만들어 낼 수 있지만, 대중이 받아들일 수 있는 정도의 변화를 추진하며 새로운 트렌드를 끌어내기에는 한계가 있다. 대중음악은 트렌드의 변화에 민감하며, 이러한 변화는 종종 문화적 맥락이나 인간의 감정적 흐름으로 형성된다. AI는 패턴을 학습하고 이를 반복하는 데는 뛰어나지만, 전혀 새로운 변화를 창출하거나 시대를 초월한 감각적 트렌드를 선도하는 데는 한계가 있다. 또한 현대의 음반 산업은 디자인, 안무, 공연, 뮤직비디오의 콘셉트 등 다양한 요소를 고려한 기획의 산물로 이들을 종합적으로 포용하고 반영해야 한다. 이러한 복합성 반영의 어려움은 AI가 대중음악에서 선구적 역할을 하기보다는 이미 존재하는 스타일을 기반으로 하는 보조적 역할에 그치게 만드는 요인이다.

참고문헌

Amatriain, X.(2024). Prompt design and engineering: Introduction and advanced methods. arXiv preprint arXiv:2401.14423.

Cain, W.(2024). Prompting Change: Exploring Prompt Engineering in Large Language Model AI and Its Potential to Transform Education. *TechTrends,* 68(1), 47-57.

05

Gen AI의 미래

Gen AI의 미래는 음악 산업에 어떤 변화를 가져올까. 이 장에서는 자동 생성 음악이 환경 음악 분야에서 어떻게 활용되는지, 대중음악에서 적용할 때 한계는 무엇인지 살펴본다. 또 AI 기술로 음악 제작의 접근성이 확대되었는데도 전공자와 비전공자 사이에 수용도 차이가 존재함을 분석한다. 이로써 AI가 음악의 미래에 미치는 영향과 인간의 창의성이 여전히 중요한 이유를 정리한다.

AI와 아이돌?

음악은 시간을 기반으로 한 예술로 한눈에 여러 작품을 보기 어렵다

많은 단점과 한계에도 불구하고 완전 자동 생성 AI를 활용한 수많은 음악 작품이 쏟아져 나오는 것이 사실이다. 사용자는 이미지 생성 프로그램과 마찬가지로 간단한 프롬프트를 작성하면 짧은 시간 안에 여러 가지 시안을 제시받을 수 있다. 그러나 우리는 이러한 결과물의 활용 방안과 그 한계점을 생각해 볼 필요가 있다.

우선, 자동 생성 음악이 가장 잘 활용될 수 있는 분야는 환경 음악(Ambient Music)일 것이다. 많은 카페나 다양한 상업 공간에는 분위기를 조성하거나 소비자의 심리에 영향을 미칠 수 있는 특정 음악이 필요하다(North & Hargreaves, 2008). 하지만 음악 사용료는 매장에 큰 부담이 될 수 있기에 생성형 AI를 활용한 음악은 좋은 대안이 될 수 있다. 이러한 공간에서 사람들은 음악을 분석적으로 듣기보다는 단순히 배경음으로 흘려보내며 특정한 분위기에 몰입하게 된다. 생성형 AI는 단순한 프롬프트만으로도 음악을 끊임없이 생성할 수 있으며, 별도 편집이나 수정이 없어도 준수한 품질로 활용될 수 있다.

AI는 소셜 미디어와 같은 플랫폼에서 짧고 즉각적인 소비에 필요한 콘텐츠 제작에도 적합하다. 사용자들은 짧은 클립이나 영상에서 사용할 수 있는 배경음악을 빠르게 생성할 수 있으며, 이는 틱톡(TikTok)이나 인스타그램 릴스(Instagram Reels) 같은 플랫폼에서 활용도를 높인다. 이러한 환경에서는 음악의 복잡성이나 감정적 깊이보다는 즉각적 소비와 간결함이 중요하므로 생성형 AI가 제공하는 간편성과 속도는 매우 큰 장점으로 작용한다.

그러나 대중음악과 같이 창작자 의도가 강하게 들어가야 하는 음악에서는 완전 자동 생성 AI의 활용이 아직은 부족하다는 평가를 받을 수 있다(Avdeeff, 2019). 대중음악은 작곡, 편곡, 녹음, 믹싱, 마스터링 등 여러 절차에서 다양한 창작적 의도가 세밀하게 반영되어야 한다. 또 엔터테인먼트 산업에서는 많은 자원을 투입해 소수의 곡만 선택하고 집중해야 하며, 생성된 다수 음악 중에서 적합한 작품을 선택하는 과정이 필요하다. 이미지 작업은 섬네일로 빠르게 시안을 결정할 수 있지만, 음악은 각각의 재생 시간을 할애해야 하므로 이러한 과정이 더 복잡할 수 있다.

그러나 최근의 대중음악 작곡가들은 타인이 만든 짧은 음악적 아이디어인 샘플을 활용하여 작곡하는 경우가 많다. 이를 위해 작곡가들은 샘플 라이브러리를 탐색하는 데 많은 시간을 들이는데, 이러한 라이브러리는 장르, 템포, 조성, 악기별로 검색 필터를 제공한다. 만약 완전 자동 생성 AI의 프롬프트를 더욱 정교하게 설계할 수 있다면, 샘플 라이브러리 탐색 시간을 줄이고, 원하는 음악적 의도를 반영한 음원을 샘플로 활용할 수 있을 것이다. 이 과정은 기획사에서 앨범 제작을 기획하고 다수의 작곡가에게 데모곡을 요청해 수집하고 듣는 절차와 유사하다. 기획자가 앨범과 아티스트의 콘셉트, 제작 의도를 작성해 작곡가에게 전달하는 것은 프롬프팅과 비슷하며, 각각의 데모를 듣고 좋은 부분을 선택해 편곡하는 작업도 진행된다. 이처럼 현재의 작곡 · 음원 제작 과정을 고려한다면, 완전 자동 생성 AI도 프로페셔널한 음원 제작 시장에서 활용 가치가 충분할 것이다.

전공자와 비전공자의 수용도 차이

완전 자동 생성 AI가 음악 제작에 새로운 가능성을 열어주었음에도 전공자와 비전공자 간 음악 수용도 차이는 여전히 존재한다. AI 기술의 발전으로 음악 제작에 대한 접근성이 크게 향상되었고, 음악적 훈련이 없는 사람도 쉽게 음악을 창작할 수 있는 시대가 도래했지만, 이러한 기술적 변화가 음악적 역량의 차이를 완전히 극복하지는 못한다. 청각 기관으로 받아들여지는 정보는 단순히 진폭이나 음파의 물리적 특성에 국한되지 않고, 청취의 맥락적 · 현상학적 측면까지 포함한다.

우리는 음악을 듣고 분석하는 능력이 사람마다 다르다는 것을 알고 있다. 예를 들어, 음악적 훈련을 받은 사람들은 절대음감이나 상대음감으로 음정의 구성을 더 명확히 인지하고, 음악적 흐름을 더 세밀하게 파악할 수 있다(Miendlarzewska & Trost, 2014). 이들은 마치 글을 읽고 문장 구조를 분석하듯이 음악을 들으며 리듬, 화음, 멜로디의 패턴을 이해하고 세부적 변화를 민감하게 감지한다. 예를 들어, 곡 중간에 예상치 못한 전조가 나타나거나 기본 리듬에서 벗어난 변화 요소가 등장하면, 훈련된 음악가들은 이러한 이질적 요소를 더욱 빠르게 알아차릴 수 있다.

이러한 차이는 AI 음악 생성 결과물에 대한 수용도에서도 두드러진다. 그렇기에 일반인과 전문 음악가는 시안을 선택하고 조합하는 방식에서 큰 차이를 보일 수 있다. 비전공자가 AI에 의존해 상업적인 음악을 만들더라도, 음악 산업에서 경쟁하기에는 한계가 있을 수 있다. 이는 음악적 훈련으로 청각이 길러지지 않은 사람은 상업 시장에서 요구하는 높은 음악적 완성도를 충족하기가 어렵기 때문이다. 다시 말해 AI로 음악적 접근성이 확대된 것은 분명하지만, 음악적 완성도와 혁신은 여전히 전통적 음악 교육과 연습으로 얻는 경험과 깊이에서 나온다.

더 나아가, 전공자들은 AI와 협업해 더 수준 높은 창작물을 만들어 낼 수 있다. AI는 음악의 다양한 요소를 분석하고 이를 바탕으로 아이디어를 제시함으로써 전공자들이 창작 초기 단계에서 빠르게 아이디어를 발전시키는 데 도움을 줄 수 있다. 그러나 이러한 과정에서 창작자는 여전히 중요한 결정을 내려야 하며, AI가 제공하는 옵션들을 비판적으로 평가하고 자신의 창작적 의도를 반영해야 한다. 따라서 전공자들은 AI를 도구로 활용하되, 최종 결과물에 대한 책임과 창의적 통제권을 유지할 수 있다.

반면 비전공자들은 AI의 도움으로 기본적인 음악을 창작할 수 있지만, AI가 생성한 결과물에 대한 비판적 분석이나 깊이 있는 수정 작업에는 한계가 있을 수 있다. 이는 음악 창작에서 깊이와 완성도 차이를 만들어 내며, 결국 상업적 성공 가능성에도 영향을 미칠 수 있다. 따라서 AI의 발전은 비전공자들에게 새로운 창작 기회를 제공하지만, 음악적 역량을 키우고자 하는 노력은 여전히 중요하다.

Gen AI의 미래 활용과 나아갈 방향

생성형 AI는 음악 산업에 다양한 가능성을 열어 주고 있지만, 그 한계 또한 분명하다. AI는 환경 음악과 같이 감정적 깊이가 덜 요구되는 분야에서 효율적으로 활용될 수 있으며, 소셜 미디어와 같은 플랫폼에서 빠르고 간결한 음악 콘텐츠를 제공하는 데 강점이 있다. 그러나 대중음악과 같이 창작자의 강한 의도와 감정이 필요한 음악에서는 여전히 인간 음악가의 역할이 중요하다. AI는 작곡가와 협업하여 창의적인 아이디어를 제시하고 창작 과정을 보조하는 데 효과적이지만, 그 결과물을 비판적으로 평가하고 창작적 결정을 내리는 것은 여전히 인간의 몫이다.

이를 위해 생성형 AI는 몇 가지 개선이 필요하다. 첫째, AI 모델의 학습 데이터를 다양화하여 문화적 맥락과 창작자의 의도를 더 잘 반영하도록 해야 한다. AI는 다양한 음악적 스타일과 감정 표현을 학습함으로써 더욱 섬세하고 다채로운 음악을 창작하게 될 것이다. 둘째, 인간 창작자와의 상호작용을 개선하여 AI가 제안하는 아이디어가 더 유연하게 반영되도록 해야 한다. 예를 들어,

사용자가 AI의 생성 결과를 쉽게 수정하거나 방향을 제시할 수 있는 인터페이스를 개발함으로써 인간과 AI 간 협업이 더욱 원활해질 수 있다. 이러한 개선으로 생성형 AI는 인간의 창의성을 증대하는 파트너로 자리 잡아야 하며, 인간의 감정과 의도를 반영한 음악 창작을 지원하는 방향으로 나아가야 한다. 음악 산업에서 AI는 보조적 역할을 넘어 창의적 협력자로서 기능할 때, 인간과 AI의 조화로운 협업으로 더 풍부하고 다채로운 음악적 세계를 만들어 나갈 것이다.

참고문헌

Avdeeff, M.(2019). Artificial Intelligence & Popular Music: SKYGGE, Flow Machines, and the Audio Uncanny Valley. *Arts,* 8(4), 130.

Miendlarzewska, E. A., & Trost, W. J.(2014). How musical training affects cognitive development: Rhythm, reward and other modulating variables. *Frontiers in Neuroscience,* 7, 279.

North, A. C., & Hargreaves, D. J.(2008). Music and consumer behaviour. In S. Hallam, I. Cross, & M. H. Thaut(Eds.), *Oxford Handbook of Music Psychology* (Oxford Library of Psychology). Oxford University Press.

06
사용자의 취향과 평가

사용자의 취향은 음악 AI에 어떤 영향을 미칠까. AI 시스템의 학습 데이터와 사용자 피드백은 음악 생성의 품질을 결정한다. 이 장에서는 기계 학습에서 데이터 라벨링의 중요성과 개인화된 추천 시스템의 작동 원리를 살펴본다. 또 강화 학습이 음악 생성과 음악 추천에 어떻게 활용되는지 알아본다.

AI와 야구?

사용자 취향과 콘텐츠 추천

기계 학습을 통한 인공지능 시스템을 개발하는 데 가장 중요한 것은 학습 데이터다(Alzubaidi et al., 2021). 시스템은 다량의 학습 데이터를 활용하여 그들의 공통점 혹은 구조를 스스로 분석하고 문제를 해결한다. 그러나 이러한 학습에 필요한 데이터를 준비할 때 중요한 것은 시스템에 입력될 문제와 시스템이 제시할 답안을 준비하는 데이터 라벨링 과정이다. 예를 들어 과일 이미지를 입력하고 과일 이름을 알아내는 시스템을 위해 개발자는 과일 이미지 수만 장과 그 과일의 이름이 매칭된 데이터 세트를 준비해야 한다. 이러한 데이터의 활용이 인공지능 시스템의 정확성이나 답변의 방향성을 결정한다. 이런 식으로 개발자들은 어떤 데이터를 보관할 때 그 데이터와 연관된 각종 정보를 함께 취급하기를 선호한다. 예를 들면 어떠한 음악을 데이터베이스에 저장할 때, 해당 음악의 제작자 정보, 장르 정보, 템포, 조성 등을 비롯한 내부 정보를 저장할 수 있고 해당 음원이 공개된 플랫폼 게시물의 댓글, 키워드들도 저장되어 활용된다. 또한 사용자가 플랫폼 내에서 소비한 콘텐츠들은 그 재생 기록이 데이터베이스화되는데 이는 자주 들은 음악들의 공통점을 찾아내거나 유사한 요소를 가진 새로운 콘텐츠를 제안하는 데 사용될 수 있다(Freeman et al., 2022). 개인화된 추천 시스템(Personalized Recommendation System)은 사용자의 취향을 분석하고, 과거의 소비 기록과 유사한 콘텐츠를 추천하는 데 큰 장점이 있다. 예를 들어, 음악 스트리밍 서비스에서는 사용자가 선호하는 아티스트나 장르를 기반으로 새로운 곡을 추천하거나, 사용자의 재생 목록을 분석하여 분위기가 비슷한 곡을 제안하는 방식으로 활용된다. 이러한 시스템은 사용자가 새로운 음악을 발견하고, 개인적 취향에 맞는 콘텐츠를 손쉽게 즐길 수 있도록 도와준다. 넷플릭스나 스포티파이 같은 플랫폼에서는 이러한 추천 시스템을 이용해 사용자 참여도를 높이고, 더 많은 시간을 플랫폼에서 소비하도록 유도하고 있다. 개인화된 추천 시스템의 또 다른 활용 예로는 '디스커버 위클리(Discover Weekly)' 같은 맞춤형 플레이리스트가 있다. 스포티파이는 사용자의 청취 패턴을 분석하여 매주 새로운 곡을 추천하는 맞춤형 플레이리스트를 제공하며, 이로써 사용자는 자신이 알지 못했던 새로운 아티스트와 곡들을 발견할 수 있다. 이러한 개인화된 추천은 사용자 경험을 더욱 풍부하게 만들고, 플랫폼에 대한 충성도를 높이는 데 기여한다. 하지만 개인화된 추천 시스템에는 몇 가지 부정적 측면도 있다. 첫째, 이러한 시스템은 사용자의 취향을 고착화할 가능성이 있다. 사용자는 계속 자신이 선호하는 유사한 콘텐츠만 추천받게 되므로, 새로운 음악적 경험을 시도하거나 다양한 장르를 탐색하는 기회가 줄어들 수 있다. 이는 사용자에게 익숙하고 안전한 선택만 반복하게 만들어 창의적이고 다양한 음악적 경험을 제한하게 된다. 둘째, 개인화된 추천 시스템은 알고리즘 편향의 문제를 일으킬 수 있다. 특정 아티스트나 장르가 알고리즘에 따라 더 많이 추천되거나 노출될 경우, 다른 아티스트나 장르는 상대적으로 덜 주목받게 되어 음악 산업 내에서 불균형을 초래할 수 있다. 마지막으로, 이러한 시스템은 사용자의 데이터 수집과 프라이버시 문제를 동반한다. 추천 알고리즘의 정확성을 높이려면 사용자의 많은 개인 정보가 필요하며, 이는 데이터 유출이나 프라이버시 침해의 위험을 높일 수 있다.

이러한 선호 반영의 알고리즘은 생성형 AI의 개발에 강화 학습 요소로 사용될 수 있다. 그 예로 초기의 지식 기반 시스템을 사용하지 않은 음악 생성 AI는 무작위로 음표와 리듬을 생성하고 평가자의 평가를 반영하여 좋은 평가를 받은 생성 방향으로 스스로 음악 이론을 정립하고 결과물을 생성하기도 했다(Kotecha, 2018). 이러한 강화 학습의 적용은 앞으로도 완전 자동 생성 AI에 지속적으로 활용되어 좀 더 개인화된 선호와 취향을 지닌 생성물을 사용자에게 제시할 수 있고, 지금의 작곡가별, 아티스트별 작업의 특징, 개인의 성향, 음악적 이론이 음악에 반영되는 것과 같이 완전 자동 생성 AI 안에서도 사용자별로 개인화가 이루어질 수 있다. 이렇듯 라벨링을 활용한 지도 학습과 사용자 상호작용을 통한 강화 학습의 적절한 조화는 인공지능의 생성이 계속 최적화되도록 도와준다.

음악 생성에서 강화 학습 활용

강화 학습(Reinforcement Learning, RL)은 기계 학습에서 중요한 방법론으로, AI가 환경과 상호작용하면서 최적의 행동을 학습하는 방식이다. 이 과정에서 AI는 상태에 맞는 행동을 선택하고 그 결과로 받는 보상으로 학습한다. 강화 학습의 핵심은 AI가 환경에서 실행한 행동에 대해 긍정적이거나 부정적인 보상을 받고, 그 보상을 바탕으로 미래의 행동을 개선하는 데 있다(Sarker, 2021). 음악 생성 AI에서도 이 방식이 점차 활용되고 있으며, 창의적인 콘텐츠를 생산하는 데 강력한 도구로 자리 잡아가고 있다.

음악 생성 AI에서 강화 학습이 중요한 이유는 음악 생성 과정에서 명확한 목표나 정답이 없기 때문이다. 예를 들어, 어떤 음악이 좋은지, 청중에게 긍정적인 반응을 얻을지 등을 사전에 정의하기는 어렵다. 따라서 AI가 스스로 창의적인 결정을 내리고, 사용자의 피드백이나 기타 보상 체계로 더 나은 음악을 만들어 가는 과정에서 강화 학습이 중요한 역할을 한다.

강화 학습은 기본적으로 상태, 행동, 보상, 정책의 네 가지 주요 요소로 구성된다. AI는 환경에서 현재 상태를 인식하고, 그 상태에서 취할 수 있는 행동을 선택한다. 행동을 취한 결과로 보상을 받게 되며, 이로써 정책을 수정하고 미래 행동을 개선하는 과정을 반복한다. 예를 들어, 음악 생성 AI는 새로운 리듬이나 멜로디를 시도하고, 그 결과를 평가받아 더 나은 결과를 도출하려고 학습하게 된다.

강화 학습의 장점은 창의적인 분야에서 예측 불가능한 결과를 도출할 수 있다는 것이다. 음악 생성 AI는 단순한 패턴 생성에 머물지 않고, 좀 더 창의적이고 예술적인 결과물을 내놓을 수 있다. AI는 사용자의 피드백을 바탕으로 스스로 음악의 스타일과 구조를 변화시키며, 점차 더 발전된 결과물을 제시한다. 그러나 강화 학습은 학습에 많은 시간과 데이터가 필요하다는 한계가 있다. 또 음악에서 무엇이 좋은 음악인지 평가하는 기준이 명확하지 않으므로 이를 AI에 학습시키는 데는 어려움이 따른다(De Prisco et al., 2022).

이처럼 강화 학습을 효과적으로 활용하려면 적절한 보상 시스템을 설계하는 것이 매우 중요하다. 음악의 경우 청중의 반응, 스트리밍 횟수, 긍정적 피드백 등의 요소가 보상으로 사용될 수 있다. 예를 들어, AI가 생성한 음악이 청중으로부터 긍정적 피드백을 받으면 해당 스타일이나 구조를 더 발전시키도록 학습시키는 것이다. AI는 이와 같은 방식으로 점차 대중의 취향에 맞는 음악을 생성하게 된다. 하지만 이 과정에서 대중의 취향이 항상 예술적 가치와 일치하지 않을 수 있으므로 보상 시스템을 설정할 때는 신중해야 한다.

강화 학습은 협업적 강화 학습(Collaborative Reinforcement Learning)으로 더욱 효과적으로 활용될 수 있다. 협업적 강화 학습은 여러 개체가 상호작용하면서 학습하는 방식으로, 음악 생성에서는 다양한 AI 모델이 서로 다른 역할을 맡아 협력적으로 학습할 수 있다. 예를 들어, 하나의 AI는 멜로디를 생성하고, 다른 AI는 그 멜로디에 맞는 반주를 추가하며, 또 다른 AI는 전체 곡의 구조를 조정하는 식으로 협력할 수 있다. 이러한 방식은 각 AI 모델이 특정한 영역에 집중하여 더 나은 결과물을 도출하도록 돕는다.

참고문헌

Alzubaidi, L., et al.(2021). Review of deep learning: Concepts, CNN architectures, challenges, applications, future directions. *Journal of Big Data*, 8, 53.

De Prisco, R., et al.(2022). Induced emotion-based music recommendation through reinforcement learning. *Applied Sciences*, 12(21), 11209.

Freeman, S., et al.(2022). 'Don't mess with my algorithm': Exploring the relationship between listeners and automated curation and recommendation on music streaming services. *First Monday*, 27(1).

Kotecha, N.(2018). Bach2Bach: Generating music using a deep reinforcement learning approach. arXiv preprint arXiv:1812.01060.

Sarker, I. H.(2021). Deep learning: A comprehensive overview on techniques, taxonomy, applications and research directions. *SN Computer Science*, 2(420).

07
AI의 음악 인지와 분석

AI는 음악을 창작하는 도구일 뿐 아니라 음악을 분석하고 이해하는 데도 혁신을 가져오고 있다. 음악의 복잡성과 미세한 표현 차이를 해독하는 AI 기술은 음악가의 학습을 돕고, 새로운 음악적 통찰을 제공한다. 이 장에서는 AI가 어떻게 음악의 인지와 분석에 활용되는지 스템 음원 트랙 분리와 음향 분석에서 적용된 사례로 살펴본다.

AI와 윤동주?

AI의 음악 복잡성 해독

많은 미디어가 생성 AI에 주목하면서 우리는 AI를 음악을 창작하는 도구로 인식하거나, 작곡가와 음악가를 위협하는 존재로 경계하기도 한다. 그러나 음악을 분석하고 처리하는 AI의 다양한 활용은 우리가 아직 완전히 이해하지 못한 음악의 모호함과 미세한 표현 차이를 분석하여 음악가의 학습을 돕거나, 음악을 이해하고 분석하는 데 도움을 줄 수 있다(Miranda, 1995).

특히, 컴퓨터 시스템의 발전으로 계산·처리 능력이 향상되면서 더 많은 데이터를 빠르게 처리할 수 있게 되었고, 이로써 우리는 더 많은 음악적 현상을 인지하고 분석할 수 있게 되었다.

음악에서 하나의 멜로디를 연주하는 것은 비교적 간단하지만, 화음과 배음이 더해지면 인간의 청각만으로 그 많은 정보를 처리하는 데 어려움을 겪을 수 있다. 물론 절대음감을 가진 소수의 음악가는 이러한 능력을 갖추었지만, 이는 매우 드문 재능이다. 또 비교적 명확하게 기보에 표시되는 음정과 달리, 이른바 그루브(groove)를 만들어 내는 박자와 음의 길이는 아주 짧고 정교한 변화로 그 순간을 인지하고 특징을 잡아내기 어렵다. 이러한 미세한 차이들은 오선 악보 위에 표현되기 어려워 음악 분석의 한계로 작용해 왔다.

그러나 최근의 컴퓨팅 발전은 정교한 파형 분석과 오디오 처리 능력을 바탕으로 이전에는 많은 자원이 필요하던 오디오 데이터 처리를 실시간으로 수행할 수 있게 되었다(Costantini et al., 2024). 이로써 음악적 데이터들을 정확하게 분석하고 분류하여 사용자가 더욱 세밀한 정보를 활용할 수 있도록 도와준다.

스템 음원 트랙 분리

스템(STEM) 음원 분리는 음악 인지와 분석의 대표적 사례로 꼽힐 수 있다. 스템 트랙 분리는 한 곡 안에 포함된 다양한 악기 소리를 개별적으로 분리된 트랙으로 추출하는 작업이다. 이는 복합적으로 합쳐진 음악의 파형에서 특정 주파수를 추적하고 추출하는 과정을 거쳐 이루어진다. AI 기술과 신호 처리 알고리즘을 바탕으로 개발된 이러한 기술은 복잡한 음향 데이터를 더 세밀하게 분석하고 처리할 수 있게 해 준다.

음악의 파형은 각기 다른 악기와 보컬의 신호가 융합된 복합 신호로 구성된다. 각 악기와 보컬은 고유한 주파수 대역을 차지하므로 이를 기반으로 분리 작업이 진행된다. 푸리에 변환(Fourier Transform)은 이러한 복잡한 주기적 신호를 사인파 여러 개로 분해하여 시간 영역의 신호를 주파수 영역으로 변환하는 수학적 원리다. 이로써 각 주파수 대역에서 특정 소리를 분석하고 분리할 수 있다(Sueur, 2018).

최신 분리 기술은 주로 딥러닝 모델을 기반으로 작동하며, 음악 패턴을 학습하여 작업을 수행한다. 이를 위해 분리된 트랙과 믹스된 트랙이 학습 데이터로 준비되며, 모델은 각 보컬과 악기 사이의 패턴을 인식하여 각 트랙을 나누는 작업을 점점 더 정확하게 수행할 수 있다.

이와 같은 인지와 분석 기술은 멜로다인(Melodyne)과 로직 프로(Logic Pro)의 플렉스 피치(Flex Pitch) 같은 소프트웨어에서도 활용되고 있다. 멜로다인은 각 음의 주파수 정보를 분석하여 개별 음정과 타이밍을 세밀하게 조정하는 기능을 제공한다. 이로써 사용자는 보컬의 피치, 타이밍, 음색을 직관적으로 조정할 수 있다. 멜로다인은 음원의 주파수 스펙트럼을 분석하여 개별 음을 추출하고, 이 데이터를 기반으로 정확한 음정 수정을 가능하게 한다.

로직 프로의 플렉스 피치 기능 또한 오디오 트랙에서 각 음의 피치를 자동으로 감지하고 이를 수정할 수 있게 해 준다. 이 기능들은 녹음된 음원의 피치 수정뿐 아니라 보컬 수정이나 악기 소리 보정에 매우 유용하게 사용된다.

이러한 도구들은 기존 음원에서 개별적 요소를 분리하거나 음정과 타이밍을 수정하는 데 중요한 역할을 하며, 스템 트랙 분리 기술과 마찬가지로 주파수 분석, AI 기반 기술을 사용해 더 정교한 음악 편집을 가능하게 한다.

음향에서 AI 분석 능력 활용

이러한 AI 분석 기술은 음악뿐 아니라 음향 분야에서도 광범위하게 활용되며, 특히 음성 인식, 오디오 분석, 소리 분류 등 일상에서 더 밀접하게 사용되고 있다. 음향 AI의 핵심 요소는 주파수를 분석해 소리를 구분하고 특징을 추출하는 것이다. 이 기술은 사람의 음성과 환경의 소리를 구분하거나 음성 명령을 인식하는 데 사용되는 패턴 인식 기능 등을 포함하고 있다. 이로써 우리는 음성 인식 기술과 자연어 처리(NLP)를 결합하여 대화형 인터페이스나 음성 명령 시스템을 구현할 수 있다(Giannakopoulos & Pikrakis, 2015).

소리 분류와 감정 분석 기술은 사람의 음성, 동물의 소리, 환경의 소리 등 주변 소리를 인식하고 분석하는 데 사용된다. 이러한 기술은 보안 시스템, 스마트 홈 디바이스 등에 적용되어 주변 환경을 인식하고, 음향적 맥락에서 상황을 파악하는 데 도움을 준다(Abayomi-Alli et al., 2022).

이러한 음향 분석 AI는 음악 제작에서도 중요한 역할을 한다. 그 대표적 예가 믹싱과 마스터링 과정에서 AI를 활용하는 것이다. 많은 DAW와 플러그인 회사들이 앞다투어 좀 더 향상된 음향 도구를 개발하고 있다. 믹싱의 주된 목적은 녹음된 개별 악기 트랙들을 조합하여 각 트랙이 균형을 이루고 명확하게 들리도록 조정하는 것이다. 이 과정에서 음량, 주파수, 스테레오 이미지 등을 조정하여 악기 간 충돌을 방지하고, 패닝과 리버브를 사용해 각 악기와 보컬의 위치를 설정하여 깊이와 공간감을 더해야 한다.

마스터링은 믹스된 곡을 최종적으로 보정하고, 음질과 음압을 향상하는 과정이다. 마스터링의 목적은 곡이 다양한 환경에서 재생되더라도 일관된 음질을 유지하도록 하는 것이다. AI는 이 과정에서 곡의 다이내믹 레인지, 주파수 응답, 스테레오 이미지를 분석하고, 트랙의 악기들을 장르나 음악적 특징에 맞게 보정해 준다. 또 AI는 자동화된 EQ와 볼륨 조정으로 트랙 간 충돌을 최소

화하고 라이브 환경에서 발생할 수 있는 피드백이나 기타 음향 문제를 실시간으로 추적하고 방지하는 데도 사용된다. 노이즈 캔슬링 기술 역시 AI가 적용된 대표적 음향 기술로, 주변의 소리를 차단하여 음악에 집중할 수 있도록 해 준다.

음향 기술은 인간의 가청 주파수 범위 안에서 음향 차이를 인지하고 처리하는 기능뿐 아니라, 이를 음악적으로 해석하는 복합적인 기능을 요구한다. 그러나 이러한 차이는 때로 너무 미세해서 인간이 감지하기 어려운 경우가 많다. 이 때문에 오랜 시간 음향에 대한 여러 가설이 존재해 왔고, 때로는 미신처럼 여겨지기도 했다. 또 엔지니어와 소비자의 감각은 주관적이어서 쉽게 오염되기도 하며, 이러한 주관성은 플라세보 효과를 일으키기도 한다. 따라서 음향 평가는 종종 블라인드 테스트로 이루어진다. 정량적이고 객관적인 평가가 중요한 이유가 바로 여기에 있으며, AI를 통한 음향 분석은 음향 신호의 미세한 차이를 감지하고 정량화하는 데 결정적 역할을 할 수 있다. 이로써 음향 품질을 더 객관적이고 정확하게 평가할 수 있다(Torcoli et al., 2021).

참고문헌

Abayomi-Alli, O. O., et al.(2022). Data augmentation and deep learning methods in sound classification: A systematic review. *Electronics*, 11(22), 3795.

Costantini, G., et al.(2024). New advances in audio signal processing. *Applied Sciences*, 14(6), 2321.

Giannakopoulos, T., & Pikrakis, A.(2015). pyAudioAnalysis: An open-source Python library for audio signal analysis. *PLoS One*, 10(12).

Miranda, E. R.(1995). An artificial intelligence approach to sound design. *Computer Music Journal*, 19(2), 59-75.

Sueur, J.(2018). Introduction to frequency analysis: The Fourier transformation. In *Sound Analysis and Synthesis with R* (pp. 229-260). Springer, Cham.

Torcoli, M., et al.(2021). Objective measures of perceptual audio quality reviewed: An evaluation of their application domain dependence. *IEEE/ACM Transactions on Audio, Speech, and Language Processing*, 29, 1530-1541.

08
AI 음악의 소비

AI 음악의 소비는 어떻게 변화하고 있을까. 소비자들은 AI가 만든 음악으로 새로운 음악적 경험을 누릴 수 있지만, 이에 따른 우려도 존재한다. 이 장에서는 AI 음악의 잠재력과 한계 그리고 소비자의 관점에서 AI 음악을 어떻게 받아들이고 활용할 수 있는지 살펴본다. 또 AI 음악이 음악 산업과 문화에 미치는 영향과 윤리적 고려 사항도 함께 논의한다.

AI 음악과 소비의 변화

AI가 음악뿐 아니라 다양한 영역에서 업무 효율을 개선하며 긍정적 평가를 받기도 하지만 때로는 사람들의 일자리를 대체하여 생계를 위협하는 잠재적 위험 요소라고 생각하는 의견도 다수 있다. 특히 음악과 같은 창작 영역에서도 인간성과 창의성 그리고 다양한 도덕적 이슈가 제기되고 있고 산업의 변화에 대한 다양한 예측 혹은 우려가 생겨나고 있다. 하지만 궁극적으로 우리가 음악의 존재 이유를 생각해 본다면, 이러한 AI의 등장이 경쟁적인 음악을 생산해 시장을 점유하는 것만이 전부는 아닐 것이다. 결국 음악은 상업 활동이기에 앞서 스스로 연주하고 창조해 내는 즐거움을 느끼고 정서적으로 공감하며 안정감을 주는 문화 예술적 활동이기 때문이다. 이를 위해 우리는 창작자의 입장과 더불어 더 다양하고 많은 음악을 듣고 즐기고 싶어 하는 소비자의 관점에서 어떻게 AI 음악을 소비할지도 다루어야 한다.

AI 음악의 잠재력과 한계

오늘날 AI는 음악을 창작하고 편집하는 도구로뿐 아니라 소비자들이 음악을 발견하고 즐기는 방식에도 크게 기여하고 있다. AI 기술은 개인화된 추천 시스템을 이용해 소비자들에게 맞춤형 음악 경험을 제공하며, 이는 음악 소비의 패러다임을 변화시키고 있다(Hou, 2024).

예를 들어, 스포티파이와 애플 뮤직 같은 플랫폼은 AI를 이용하여 사용자의 청취 기록, 선호 장르, 청취 패턴을 분석해 취향에 맞는 음악을 추천한다. 이로써 소비자는 더 쉽게 자신이 좋아하는 음악을 발견하고 음악 소비의 폭을 넓힐 수 있다. 또한 AI는 다양한 장르와 스타일의 음악을 빠르게 생성할 수 있어 기존 상업 음악에서 제공하는 한정된 음악적 범위를 넘어 소비자들에게 더 많은 선택을 제공할 수 있다. 이는 독특한 음악적 경험을 추구하는 이들에게도 긍정적인 영향을 미친다.

이렇듯 AI가 제공하는 맞춤형 음악 추천과 빠른 음악 생성은 장점이 많지만, 그 한계도 명확하다. AI가 생성하는 음악은 기존 데이터를 기반으로 하므로 창의적인 시도가 부족할 수 있다. AI는 데이터 패턴을 학습해 반복적인 스타일의 음악을 생성하는 경향이 있으며, 이는 시간이 지나면 소비자들이 비슷한 스타일의 음악을 반복적으로 경험하게 만들 수 있다. 따라서 독창성이 떨어질 우려가 있다(Alaeddine & Tannoury, 2021).

AI 음악에 대한 또 다른 우려는 AI가 소비자의 음악적 취향을 조작할 가능성이다. AI는 가장 많이 소비될 가능성이 있는 음악을 추천하는 경향이 있어 소비자가 더 넓은 음악 세계를 경험하는 대신 인기 장르나 반복적 패턴의 음악에 고착될 수 있다. 이에 따라 음악의 상업화가 가속화되어 창의적 다양성이 줄어들 위험이 있다.

AI의 추천 시스템이 음악 시장의 공정성을 해칠 수 있다는 점도 문제다. 대형 플랫폼에서 운영하는 AI 알고리즘은 소규모 레이블이나 독립 아티스트의 음악이 소비자에게 덜 노출되는 결과를 초래할 수 있으며, 이는 음악 산업의 집중화를 가속할 위험이 있다(de Marcellis-Warin et al., 2022).

AI 음악은 감정적 깊이가 부족하다는 비판도 있다. 인간이 만든 음악은 창작자의 감정과 경험을 반영하지만, AI는 이를 충분히 표현하지 못할 가능성이 높다. 감정적 연결이 중요한 음악의 본질을 생각했을 때, AI 음악은 정서적 공감을 형성하지 못하고 단순히 배경음처럼 들릴 위험이 있다. 그러나 이러한 단순 배경음악은 또 그 나름의 쓰임이 있을 수 있다. 예를 들어 카페나 매장에서는 고객이 편안한 분위기를 느끼고 대화를 나눌 수 있는 환경을 조성하려면 특정한 배경음악이 필요하다. 이때 AI가 생성한 음악은 기존의 창의적인 시도나 감정적 연결이 중요한 음악과 달리, 특정 분위기를 만들어 내는 데 중점을 두고 생성될 수 있다. 특히 패턴이 단순하고 반복적인 배경음악은 사람들이 특정 활동을 하면서 음악을 흘려보낼 수 있도록 돕는다(Williams et al., 2020). 또한 AI 음악은 업무 집중을 돕는 용도로도 유용하게 사용될 수 있는데, 최근 들어 포커스 음악이나 로파이(Lo-Fi) 스타일의 배경음악은 사람들이 업무나 공부에 집중할 수 있도록 일정한 리듬과 잔잔한 분위기를 제공하는 데 활용되고 있다. 이러한 음악은 과도한 감정적 변화 없이 일정한 리듬과 템포를 유지하여 방해 없이 사용자들의 생산성을 높이는 데 기여할 수 있다(Taheri et al., 2022).

AI는 이러한 특성에 맞춘 맞춤형 음악을 빠르게 생성해 업무에 적합한 다양한 음악을 제공할 수 있다. 수면을 돕는 릴렉세이션 음악도 AI 음악의 또 다른 주요 응용 분야다. 수면 보조 음악은 잔잔한 멜로디와 긴 사운드스케이프로 청취자의 긴장을 완화하고 수면 환경을 최적화하는 데 중점을 둔다. 이러한 수면 유도 음악은 AI 알고리즘이 특정 주파수와 리듬을 분석해 최적화된 음향을 제공하며, 개인의 수면 패턴에 맞춘 음악을 추천하거나 생성할 수도 있다.

소비자의 관점에서 AI 음악은 더 다양하고 접근성 높은 음악적 경험을 제공할 수 있지만, 이는 음악적 다양성을 유지하면서도 창의성과 감정적 깊이를 반영하는 방향으로 발전해야 한다. 또한 AI가 상업화 도구로만 사용되지 않도록 윤리적 기준도 마련되어 소비자와 창작자 그리고 AI의 지속 가능한 선순환 관계를 만들어야 한다.

참고문헌

Alaeddine, M., & Tannoury, A.(2021). Artificial intelligence in music composition. In I. Maglogiannis, J. Macintyre, & L. Iliadis (Eds.), *Artificial intelligence applications and innovations* (Vol. 627). Springer, Cham.

de Marcellis–Warin, N., et al.(2022). Artificial intelligence and consumer manipulations: From consumer's counter algorithms to firm's self–regulation tools. *AI Ethics,* 2, 259–268.

Hou, R.(2024). Music content personalized recommendation system based on a convolutional neural network. Soft Computing, 28, 1785–1802.

Taheri, S., et al.(2022). Investigating the effect of background music on cognitive and skill performance: A cross–sectional study. *Work*, 71(4), 871–879.

Williams, D., et al.(2020). On the use of AI for generation of functional music to improve mental health. *Frontiers in Artificial Intelligence*, 3.

09
연주 훈련을 위한 AI

연주 훈련에 AI는 어떤 혁신을 가져올 수 있을까. 기술의 발전은 더 많은 사람이 악기 연주와 음악 창작에 관심을 두게 만들 수 있다. 이 장에서는 인간 선생님의 교육과 훈련을 보완하거나 대체할 수 있는 AI 시스템의 필요성을 논의한다.

AI와 화장품?

인간의 음악 연주와 AI의 교육 역할

아무리 기술이 발전하고 AI의 기술이 인간의 기술을 압도하더라도 인간은 계속 음악을 창조하고 연주하고 싶은 갈망을 느낄 것이다. 역설적으로 사회와 기술이 발전하여 인간의 인력이 AI로 대체되어 의식주 등 필수 생존 요소를 모두 해결한다면 인간은 오히려 여가를 즐기려고 끊임없이 오락과 취미 거리를 찾을 것이며, 악기 연주, 음악 창작 등과 같은 활동은 지금보다 더 많이 소비될 것이다. 이로써 음악으로 생계를 유지하고자 하는 프로 음악가의 입지는 좁아질 수 있지만 좀 더 향상된 실력으로 자신의 실력을 뽐내고 음악의 즐거움을 느끼고자 하는 연주자들이 많아질 것이며, 이들의 꾸준한 실력 향상을 위한 갈증을 채울 무언가가 필요할 것이다. 그렇다면 이렇게 음악 연주 영역에서 인간 선생님의 교육과 훈련을 대체할 인공지능 시스템들이 필요할 것이므로 더 효과적이고 효율적인 접근 방법을 제공하려는 연구가 필요하다.

개인화된 AI 음악 훈련과 성취 시각화

이를 위해 지금도 역시 다양한 트레이닝 도구가 개발되고 있다. 우선 시창, 청음과 같은 기초적인 뮤지션십을 훈련하는 도구가 필요할 것이며, 각자의 악기에 맞는 코스를 제안하고 기본기 훈련과 음악 이론 그리고 곡 연습에 이르기까지 다양한 과정에 필요한 프로그램이 있어야 한다. 다만 현재 출시되는 음악 교육, 훈련용 프로그램은 대부분 입문생과 취미생들을 대상으로 해서 좀 더 전문적이고 정교한 훈련을 진행하는 데는 한계가 있다. 또한 이러한 훈련 프로그램들은 사용자의 강점과 약점을 분석하여 좀 더 동적인 커리큘럼을 제안할 수 있어야 하며, 더 나아가 객관적인 평가로 학생의 성취도까지 관리해야 할 것이다.

이러한 고도화된 트레이닝 프로그램의 예시는 다양한 시각에 따라 제안될 수 있으나 연습자가 꾸준히 연습하고 실력을 향상하도록 유도할 수 있는 장치는 바로 자기효능감(Self-efficacy) 혹은 성취감의 시각화다(Bandura, 1977). 이는 실제로 많은 게임에서 차용하는 설계로 개인의 진도를 플로 이론에 따라 적절한 난이도 곡선을 설계해 줌으로써 개인이 흥미를 잃지 않고 연습에 몰입하는 환경을 조성하는 것이 관건이다(Keller & Bless, 2008). 이를 위해 프로그램은 사용자의 연습을 데이터화하여 저장하고 며칠간 연속으로 연습했는지, 하루에 평균적으로 어떤 연습에서 몇 시간을 할애했는지, 해당 부분을 몇 번 반복하였는지 통계화할 수 있어야 한다. 이렇게 눈에 보이는 통계의 피드백은 학습자가 유능감(competence)을 느끼고 자기 능력이 향상된다는 것을 강하게 느낌으로써 강한 동기 부여가 되게 된다(Ryan & Deci, 2000).

또한 자신이 목표로 하는 도전 과제의 전체 진행 상황 중 달성한 업적과 진행도의 시각화 역시 성취감과 내재적 동기를 강화할 수 있다(Christopoulos & Mystakidis, 2023). 특히 음악의 기능을 향상하려면 지루한 반복 연습이 불가피한데, 이는 부정할 수 없는 실력 향상 효과가 있지만 양날의 검과 같이 학습 이탈의 가장 큰 원인이 되기도 한다. 이는 음악적 실력의 향상이 마치 보디빌딩과 같은 근육의 생성 혹은 인보디와 같이 직관적 변화를 불러오지 않기 때문인데, 학습자의 진척 상황과 반복 횟수를 명확히 통계화하여 시각적 피드백을 제공한다면 학습자가 자신의 진전을 인식하고 실제로 노력한 양을 확인함으로써 다음 목표를 설정하거나 현재 상태를 성찰해 보는 기회를 제공하며 장기 기억을 증진하고 학습 효율성을 극대화할 수 있다(Cheng et al., 2020; Kratochwill & Hitchcock, 2017).

연주 훈련의 기술적 향상과 AI의 기여

연주 훈련에서 가장 중요한 능력은 악기를 기술적으로 잘 연주하게 할 수 있는 근육 기억 훈련으로 생각될 수 있다. 앞서 이야기한 반복 훈련은 신체가 기억하는 동작을 자동화하는 과정으로 더 원활하고 신속 적확한 움직임을 수행할 수 있게 도와준다(Magill & Anderson, 2017). 그러나 숙련된 연주자들이 주로 강조하는 음악적 표현의 중요성은 청각적 인식과 내면화(Aural Skills and Internalization)로 완성된다(Gordon, 2007). 이는 곧 자신의 연주를 정확히 인식하고 좋은 연주자의 연주와 비교하여 차이를 인지할 수 있는 능력으로, 숙련된 청각 훈련이 뒷받침되고 음악의 이론적 해석이 가능해야 하는 부분이며 시창, 청음 등과 같은 기초적 뮤지션십을 꾸준히 병행해야 함을 시사한다. 이러한 훈련을 하는 프로그램으로는 현재 사용자가 연습하는 곡의 화성학적 의미와 리듬의 특징, 주제의 활용과 변화를 인식할 수 있도록 훈련할 수 있는 장치를 마련해야 한다. 아울러 자신의 연주에서 리듬의 미세한 밀고 당김, 각 음표의 셈여림 변화를 수치상으로 분석할 수 있는 모니터링 시스템을 제공한다면 정확히 정의되기 어렵고, 감각에 의존하여 전수되는 유명 연주자들의 뉘앙스와 가까운 연주를 연구하는 데 도움이 될 것이다.

음악 연주는 반복적인 훈련으로 근육의 움직임을 숙달한다는 점에서 스포츠와 매우 유사한 특징이 있다. 따라서 정확한 수행 자세와 효율적인 움직임을 연구하고, 부상을 방지하며, 퍼포먼스를 향상하는 것은 매우 중요하다. 특히 반복적인 움직임을 잘못된 자세로 오랜 시간 연습하면 부상에 매우 취약하여 많은 연주자가 고질적인 부상과 고통을 호소한다(Castro-Medina, 2023). 이러한 부상을 방지하려고 스포츠에서 사용되는 모션 캡처 시스템을 활용해 연주자의 움직임을 분석하여 불필요한 긴장이나 과도한 움직임을 경고할 수 있는 시스템 또한 도움이 될 수 있다.

연주자들은 연주에 어느 정도 익숙해지면 자신들의 연주를 가까운 지인이나 청중에게 들려주고 싶어 하는데 이러한 과정에서 좀 더 좋은 음색을 탐색하게 된다. 연주자들은 자신들의 연주를 개선하려고 좋아하는 연주자의 악기 설정을 모방하거나, 고급 악기를 탐구하며 자신의 음색을 더 풍부하게 만들려고 노력한다. 이는 마치 스포츠 선수가 더 좋은 장비나 기술로 퍼포먼스를 개선하려는 것과 같은 맥락일 수 있다. 연주자는 연주할 때 청중과 상호작용해 더 나은 소리와 감정을 전달하고 싶어 하는 심리적 경향이 있다. 이 과정에서 자신의 사용 장비와 악기의 품질이 공연 결과에 큰 영향을 미친다고 생각하며 이러한 개선 노력은 청중과 감정적 연결을 강화하는 중요한 요소다. 그러나 초급 연주자들은 악기의 음향을 조정하는 기기들에 대한 지식이 부족하고 때로는 미성숙한 청각으로 목표하는 음색과 자기 음색의 차이를 좁히는 설정 과정을 익히기 어렵다. 또 전문 연주자들이 연주하는 특색 있는 음색의 악기들은 고가인 경우가 많기에 입문자들이나 취미 연주자들에게는 경제적 부담으로 다가온다. AI 시스템은 이러한 한계를 극복할 수 있도록 원하는 음색과 자신의 악기 음색을 입력하였을 때 그 차이를 분석하고 간격을 좁힐 수 있는 악기의 설정값을 제시하거나 디퓨전(diffusion) 방식으로 녹음된 음색을 원하는 음색으로 변경할 방법을 제시할 수 있다.

참고문헌

Bandura, A.(1977). Self-efficacy: Toward a unifying theory of behavioral change. *Psychological Review*, 84(2), 191-215.

Castro-Medina, K. G.(2023). Effects of Visual Feedback on Walking Speed for Stroke Patients: Single-case Design. *Revista de investigacion e innovacion en ciencias de la salud*,

5(1), 127–142.

Cheng, D. K., et al.(2020). Validation of stroke–specific protocols for the 10–meter walk test and 6–minute walk test conducted using 15–meter and 30–meter walkways. *Topics in Stroke Rehabilitation*, 27(4), 251–261.

Christopoulos, A., & Mystakidis, S.(2023). Gamification in education. *Encyclopedia*, 3(4), 1223–1243.

Gordon, E.(2007). *Learning sequences in music: A contemporary music learning theory*. Gia Publications.

Keller, J., & Bless, H.(2008). Flow and regulatory compatibility: An experimental approach to the flow model of intrinsic motivation. *Personality and Social Psychology Bulletin*, 34(2), 196–209.

Kratochwill, T. R., & Hitchcock, J.(2017). Single–case design, analysis, and quality assessment for intervention research. *Journal of Neurologic Physical Therapy*, 41(3), 151–159.

Magill, R., & Anderson, D. I.(2010). *Motor learning and control*. New York: McGraw–Hill Publishing.

Ryan, R. M., & Deci, E. L.(2000). Self–determination theory and the facilitation of intrinsic motivation, social development, and well–being. *American Psychologist*, 55(1), 68–78.

10
작곡 보조를 위한 AI

작곡 보조를 위한 AI는 현대 작곡가들에게 어떤 의미일까. 작곡가들의 역할이 AI의 도입으로 어떻게 변화하고 있는지 이해해야만 미래 음악 산업에 능동적으로 대처할 수 있다. 이 장에서는 AI를 활용한 작곡의 분업화와 그에 따른 창작의 윤리적 이슈를 다룬다. 또 작곡 단계별로 AI가 제공하는 기능과 활용 가능성을 살펴본다.

종교와 AI?

현대 작곡가의 역할 변화와 AI의 도입

현대의 작곡가 혹은 프로듀서는 오랜 시간 쌓여온 음악적 이론과 끊임없이 쏟아져 나오는 현재의 트렌드를 공부해야 한다. 또 다양한 악기를 공부하여 각 악기의 연주능력의 한계와 가능성을 이해해야 하며 믹싱과 마스터링과 같은 공학적 기술에 이르기까지 포괄적인 수행 능력을 요구받는다(Steinbrecher, 2021). 이에 더해 자신이 만들고자 하는 장르의 음악을 비롯해 함께 결합하여 새로운 시도를 하려는 장르에 이르기까지 또는 본인이 디렉팅해야 하는 아티스트를 비롯해 대중이 선호하는 아티스트까지 끊임없이 분석하고 적용해야 하는 과정은 많은 시간을 할애해야 한다.

AI를 활용한 작곡의 분업화와 창작의 윤리적 이슈

2000년대로 넘어오며 대중음악 작곡에서 가장 큰 변화는 바로 공동 작곡 형태로 전환한 것이다. 이전까지 대중음악 작곡은 작곡가 한 명이 오롯이 온전한 곡을 작곡하거나 밴드 구성원들이 함께 각자 파트를 맡아 작곡·편곡을 진행해 왔지만, 현재 대중음악 크레디트에는 하나의 노래에 작곡가가 많게는 십여 명이 이름을 올리기도 한다. 현대의 대중음악 작곡은 음악의 기초를 만드는 트랙 메이커 그리고 멜로디 파트를 담당하는 톱 라이너로 나뉘고 그 외에 음악의 짧은 구성 요소나 테마를 제공하는 샘플 등을 제작하는 이들도 작곡가로 분류될 수 있다.

기존의 아티스트 중심의 음악 비즈니스는 기획사 중심으로 변화하며 음악가들의 활동 행태도 변화하였는데 기존에는 아티스트들이 그들의 작품을 기획하여 선보였다면 이제는 기획사가 기획하고 조직한 아티스트나 앨범의 니즈에 맞추어 곡을 제안하고 판매하는 형태로 생산 구조가 변화하고 있다. 이러한 비즈니스 형태의 변환은 작곡가들이 자신들의 작품을 기획사에 어필하려는 경쟁을 심화하고 있다. 이러한 경쟁으로 작곡가들의 데모 수준도 향상됨에 따라 이들은 음악적 수준뿐 아니라 음향적 수준까지 높은 수준으로 끌어올려야 하므로 기존 작곡자들이 느끼는 연구 부담보다 더 가중된 압력을 받을 수 있다. 이러한 압력을 풀어내려는 공동 작곡과 분업화는 점차 활성화되었지만, 좋은 동료를 만나거나 수준 높은 외주 음악가를 섭외하지 못하는 이들은 여전히 제작 수준의 향상에 어려움을 겪을 수 있다.

이렇듯 현재의 대중음악 작곡은 샘플과 프리셋 사용 그리고 분업화로 온전히 작곡가 혼자 창작을 감당해야 하는 부담을 덜어내는 방식으로 발전해 왔음에도 일각에서는 이러한 분업의 퍼즐을 AI로 대체하는 것이 정당하지 않거나 창작의 본질을 훼손하는 것으로 생각해 평가절하하거나 우려 혹은 반발하기도 한다(Geelen, 2020). 이러한 현상은 기존의 기술 발달과 사용 시점에도 늘 생겨났던 시각과 의견으로, 발전된 기술은 결국 편의에 따라 사람들에게 사용되고 시간이 지나 당연한 도구의 활용으로 받아들여져 왔다. 그렇기에 다양하게 제시되는 각종 AI의 사용을 배타적 시선으로 바라보기보다는 어떻게 잘 사용할 수 있는지 혹은 우려될 수 있는 문제를 어떻게 완화할 수 있는지에 중점을 두는 것이 중요할 것이다.

AI의 작곡 단계별 기능과 활용 가능성

앞서 설명한 작곡의 프로세스와 같이 작곡 단계에 따라 작곡가를 도와줄 수 있는 다양한 AI가 존재한다. 우리는 작곡의 큰 부분을 멜로디, 화성, 리듬, 편곡, 믹싱, 마스터링으로 나누었을 때 단계적으로 도움을 받을 수 있는 AI를 알아볼 수 있다. 첫째로 멜로디는 청중이 받아들이는 음악의 가장 큰 중요 요소로 기존의 음악들과 차별성을 두면서도 익숙함에서 벗어나서는 안 된다. 이에 따라 멜로디의 작곡 혹은 톱 라이닝은 작곡의 핵심으로 여겨진다. 이는 청중과 가장 직관적으로 소통하는 부분이기 때문이다. 이러한 이유로 AI를 이용해 전체 멜로디를 생성하는 것은 윤리적 논란을 일으킬 수 있고 창작의 본질을 AI가 대체하는 것처럼 느껴질 수 있다.

그러나 작곡 과정은 건축 설계와 유사하다. 작곡은 단순히 짧은 멜로디를 생성하는 것뿐 아니라 전체적인 구조와 구성 요소를 적절히 배치하여 하나의 작품으로 마무리하는 것이 핵심이기 때문이다. 누구나 기분이 좋을 때 콧노래를 흥얼거리며 짧은 멜로디를 만들어 낼 수 있지만 이것을 작품화하여 마무리하는 것은 쉬운 일이 아닌 것과 같은 맥락이다. 그리하여 AI를 이용해 작은 아이디어나 음악적 요소를 차용하는 것은 현대 음악 제작 방법의 궤에서 크게 벗어난 것은 아닐 수 있다. 예를 들어 재즈 연주자들은 새로운 즉흥연주를 하려고 다른 연주자의 짧은 모티브를 차용하기도 하며, 샘플라이브러리에서 리소스를 가져와 곡에 적용하는 방식은 이미 널리 수용된 기법이다. 만약 작곡 중 코드 프로그레션, 리듬 혹은 리프 등 아이디어를 빛내줄 멜로디의 아이디어가 부족하다면 톱 라이너와 협업하는 것과 같이 코드 프로그레션에 적합한 멜로디 라인을 생성해 주는 AI 혹은 텍스트를 음악으로 변환해 주는 완전 자동 생성 AI 등의 멜로디 아이디어를 차용하여 자기 의도에 맞게 변화시키고 발전시킬 수 있다.

리듬 생성의 자동화는 컴퓨터 음악의 시작부터 존재한 가장 오래된 AI의 종류라 할 수 있다. 1950년대 중반부터 사용된 드럼머신(Drum Machine)은 초기에 단순한 리듬 패턴을 생성하는 전자 장치로 일정한 템포와 패턴을 제공하여 쉽게 리듬을 추가할 수 있도록 설계되었다. 1980년대에 등장한 롤랜드사의 TR-808은 현재에도 힙합, EDM 등에 자주 사용되며 그 영향력을 미치고 있다. 드럼머신은 프리셋된 리듬 패턴으로부터 사용자가 직접 설계하고 실시간 수정하여 창의성을 발휘할 수 있는 도구다(Werner, 2015). 최근 AI 기술의 발전은 이러한 전통적 드럼머신의 기능을 확장하고 특정 장르에서 벗어나 다양한 장르에서 사용자의 지시를 받아 새로운 리듬을 제안한다. 특히 딥러닝 기반의 AI는 패턴 인식과 예측 모델을 활용해 사용자의 제시를 확장하거나 변환해 줄 수 있다. 또한 현재의 대중음악에서 샘플라이브러리의 리듬 루프(Loop)를 차용하거나 짧게 잘라내 그 사운드를 차용함으로써 새로운 리듬을 만들어 내는 방식은 널리 사용되고 있다. 사용자들은 원하는 사운드를 검색하고 마음에 드는 비트를 찾고자 많은 시간을 탐색에 들여야 하지만, 트랙을 악기별로 분할해 주는 스템의 도움을 받아 생성받은 트랙을 분리하여 음색 혹은 리듬을 사용할 수 있다. 또한 다른 아티스트의 트랙으로 음색을 참고하는 데 드는 엄청난 시간과 에너지를 절약할 수 있다.

화성과 반주악기의 녹음 또한 이렇게 리듬과 같이 정형화된 패턴을 기반으로 경우의 수에 따른 변화를 사용하기에 기계화되기 어렵지 않다. 화성의 경우 기초적인 연결 흐름을 결정하는 하모니제이션과 그 흐름의 중간을 어떤 꾸밈 효과를 넣어 같은 역할을 대체하거나 흐름을 고도화하는 리하모니제이션으로 구분될 수 있다. 이러한 화성의 구조는 오랜 시간 수많은 곡을 분석하고 그 결과를 축적해 다양한 경우의 수를 보유함으로써 사용자가 제시한 멜로디를 기반으로 유사한 코드 진행을 제시할 수 있다. 또한 AI의 악기는 음악 뒤편에서 크게 드러나지 않으며 공간을 채워야 하는 복잡하지 않은 수준의 반주악기를 장르별, 스타일별 그리고 곡의 구성에 따라 정해진 반주법을 화성에 맞춰 연주할 수 있다.

그러나 결과적으로 이러한 AI의 활용은 인간 스스로 부족한 부분을 채워 가며 경험을 쌓고 그 특징과 원리를 배워 알아낼 수 있을 때 가장 의미가 있을 것이다. 무엇보다 음악이 정답이라는 것이 정해져 있지 않고 시대 흐름과 대중의 취향 변화에 따라 더 적합한 것을 찾는 일이기 때문이다. 또 대중의 취향이란 정량적 환경의 변화보다 사회 문화적 요소와 같이 정성적인 것들에 기반하기에 그 흐름의 변화와 미래를 예측하기 어렵다. 이러한 특징으로 미래의 음악가들이 가장 갖춰야 할 덕목은 역설적으로 가장 기본적인 음악적 소양을 닦는 일이 될 것이다. 이러한 자신만의 기준을 갖지 못한 상태에서 쏟아지는 생성 결과물을 제안받는다면 오히려 선택에 어려움이 생기는 장애가 생길 것이다. 음악가들은 AI를 활용해 자신이 목표하는 음악과 가까운 옵션을 선택하고 그 옵션들이 머릿속에 그리는 목표와 어떤 차이점들이 있는지를 인지하는 방법을 거꾸로 배워 나갈 수 있을 것이다.

미술가 마르셀 뒤샹(Marcel Duchamp)이 개척한 현대 미술의 사조인 레디메이드(Ready-made)는 기존에 존재하는 일상적 사물을 예술 작품으로 재맥락화하여 새로운 의미를 부여한 것을 말한다. 뒤샹의 대표작 샘(Fountain)은 일상적인 물체를 전시함으로써 물체 자체가 아닌 그것을 예술적 대상으로 인식하는 아이디어와 개념에 무게를 두었다. 이는 창작 행위가 반드시 직접적인 물리적 제작에 국한되지 않음을 보여주었고, 예술적 디렉팅으로 사물에 새로운 의미를 부여하는 방식으로 예술의 정의를 확장한 사례로 평가된다.

이러한 레디메이드 개념은 어쩌면 현대 AI 음악의 창작에도 중요한 시사점을 제공할 수 있다. 오늘날 AI를 활용한 음악 제작은 이제 더는 작곡가가 모든 음표를 직접 만들어 내지 않아도, AI가 제시한 아이디어나 패턴을 디렉팅하고 재구성함으로써 새로운 작품을 창작할 가능성을 열어 준다. 마치 뒤샹이 기존 사물을 선택하고 그것을 예술로 재해석했듯이, 음악가 역시 AI가 생성한 멜로디나 리듬을 선택하고 자신이 시사하고자 하는 예술적 관점과 철학을 드러내는 것은 현대의 미술사적 사조를 음악에서 역시 예술로 받아들여지는 시대를 반영할 수 있다. 이렇게 AI의 활용과 음악적 디렉팅의 확산은 앞으로 창작의 정의를 재구성하고, 보통의 영역에서 예술적 영역으로 확대될 가능성이 있다.

그러나 아무리 기술과 세상이 변화해도 변하지 않을 음악의 고유 속성 또한 존재한다. 그것은 무엇보다도 음악으로 즐거움과 심리적 위안 그리고 복잡 다양한 자신의 감정을 표현하고 해소하고자 하는 인간 본성의 요구일 것이다. 결국 기술은 인간을 위해, 인간에게 사용된다. 음악 영역 또한 AI로 많은 변화가 이루어질 것이다. 그러나 우리는 앞으로 더 많은 창조적 혁신을 달성하고 음악과 기술을 이상적으로 조화하려고 끊임없이 다양한 관점에서 AI의 발전을 수용하고, 비판적으로 분석함으로써 편의와 창의성을 극대화하되, 음악의 본질을 잃지 않는 방식으로 발전해 나가는 것이 중요하다.

참고문헌

Geelen, T. V.(2020). Motivations for using artificial intelligence in the popular music composition and production process (Master's thesis).

Steinbrecher, B.(2021). Mainstream popular music research: A musical update. *Popular Music*, 40(3-4), 406-427.

Werner, K.(2015). The Roland TR-808 and the tale of the marching anteaters. *Ethnomusicology Review*. https://ethnomusicologyreview.ucla.edu/content/roland-tr-808-and-tale-marching-anteaters

심인섭

대만 타이난응용과기대학교 유행음악과 조교수다. 경기대학교 전자디지털음악 전공으로 학사학위를 취득하고 미국 인디애나대학교-퍼듀대학교 인디애나폴리스(Indiana University Purdue University Indianapolis)에서 음악기술(Music Technology) 석사학위를 받았다. 한국으로 돌아와 음악 교육용 애플리케이션과 기타 상업용 애플리케이션·소프트웨어를 개발했다. 스마트폰 애플리케이션 시장의 개인 개발자 참여가 허용된 이후 개발한 재즈 기초 연습 프로그램인 'Jazz Scales', 블루스 솔로 연습을 위한 자동 반주 프로그램인 'Blues Jam' 등은 출시 이후 애플사의 가라지밴드(Garageband)에 이어 음악 앱 마켓 2위를 달성했다. 경기대학교에서 "찰리 파커 솔로기법 분석을 통한 프레이즈작곡 지식기반시스템 개발연구"로 음악학 박사학위를 받았다. "웹기반 정간보 사보 프로그램 설계", "MMORPG 내 캐릭터의 특성 및 행동 패턴에 따른 음악 생성 기법 연구" 등 논문 6편을 KCI 등재 학술지에 게재했다.